Duden

Einfach klasse in

Spanisch

Wissen • Üben • Testen

2. Lernjahr

Dudenverlag
Mannheim • Leipzig • Wien • Zürich

Bibliografische Information der Deutschen Nationalbibliothek
Die Deutsche Nationalbibliothek verzeichnet diese Publikation in der Deutschen Nationalbibliografie; detaillierte bibliografische Daten sind im Internet über http://dnb.ddb.de abrufbar.

 D C B A

Redaktionelle Leitung Dr. Sylvia Schmitt-Ackermann
Redaktion Angelika Pfaller M. A.
Autorinnen Annelise Hartkopf, Christina Marjanov
Sprecher Elena Galindo y Killmer, Carlos Garcia-Piedra

Herstellung Annette Scheerer
Layout Horst Bachmann
Illustration Carmen Strzelecki
Umschlaggestaltung WohlgemuthPartners, Bremen
Umschlagabbildung Westend61, Klaus Mellenthin

Satz Bibliographisches Institut AG
Druck und Bindung Offizin Andersen Nexö Leipzig GmbH
Printed in Germany

ISBN 978-3-411-73811-3

Inhaltsverzeichnis

1 Die Zeiten der Vergangenheit

2 Das Futuro und das Condicional

3 Der Subjuntivo und der Imperativ

4 Die Objektpronomen

5 Die Präpositionen

6 Die Verben ser und estar

7 Zahlenangaben

1 Die Zeiten der Vergangenheit

1.1 Das Pretérito Indefinido

(el pretérito indefinido)

Regelmäßige Bildung

Man unterscheidet zwei Gruppen:

- Verben auf *-ar* bilden das **Pretérito Indefinido** durch Anhängen folgender Endungen:
-é, -aste, -ó, -amos, -asteis, -aron

¿**Hablaste** con Eva? – Sí, ayer **hablé** con ella.
Cirilo **se mudó** a Santa Cruz.

- Verben auf *-er* und *-ir* bilden das **Pretérito Indefinido** dagegen mit den Endungen:
-í, -iste, -ió, -imos, -isteis, -ieron

La semana pasada **comimos** mariscos.
En aquel entonces **sufrieron** mucho.

Unregelmäßige Formen

Neben den Verben mit Stammvokaländerung, wie zum Beispiel *sentir* und *dormir,* gibt es zahlreiche Verben, die im **Pretérito Indefinido** unregelmäßige Formen besitzen.

Se **sintieron** muy mal.
Durmió toda la noche.

Zu den gebräuchlichsten davon zählen:

ser / ir	***hacer***	***poder***	***dar***
fui	*hice*	*pude*	*di*
fuiste	*hiciste*	*pudiste*	*diste*
fue	*hizo*	*pudo*	*dio*
fuimos	*hicimos*	*pudimos*	*dimos*
fuisteis	*hicisteis*	*pudisteis*	*disteis*
fueron	*hicieron*	*pudieron*	*dieron*

Los chicos **fueron** a Machu Picchu.
Hace dos días **hizo** muy mal tiempo.
No **pudieron** sacar el coche del barro (Schlamm).
Le **di** mi número de teléfono a Blanca.

ÜBUNG 1 **Vervollständige die Tabelle mit den entsprechenden Formen des Indefinido.**

	encontrar	perder	descubrir
yo			
tú			
él / ella / Ud.			
nosotros / -as			
vosotros / -as			
ellos / -as / Uds.			

ÜBUNG 2 **Verbinde die Indefinido-Formen mit den dazugehörigen Infinitiven und Personalpronomen.**

yo	pudo	hacer
tú	venimos	dar
él / ella / Ud.	fuisteis	poder
nosotros / -as	dieron	sentir
vosotros / -as	hiciste	venir
ellos / -as / Uds.	sentí	ser / ir

WISSEN

Folgende **Signalwörter** werden mit dem Pretérito Indefinido verwendet: ***ayer / anoche*** (gestern / gestern Abend), ***aquel día*** (an jenem Tag), ***en*** 2006 (2006), ***hace ... años*** (vor ... Jahren), ***la semana pasada*** (letzte Woche), ***de pronto*** (plötzlich), (*y*) ***entonces / después*** ((und) dann / danach)

Ayer nos visitó Alfredo.
Aquel día hubo una tormenta tremenda.
Se separaron **en 1999.**
Nos conocimos **hace seis años.**
Fueron a la piscina **la semana pasada.**
De pronto empezó a llover.
Lo vi **y entonces** entré en el restaurante.
Después pedimos la comida.

ÜBUNG 3 **Übersetze die Sätze und schreibe sie in dein Übungsheft.** 

1. Gestern Abend waren wir im Kino.
2. Ich habe vor drei Wochen mit Rodrigo gesprochen.
3. Jimena war letzten Dienstag krank.
4. Am Samstag spielten sie sehr schlecht.
5. Wir betraten das Haus und dann hörten wir Musik.

ÜBUNG 4 ***El descubrimiento de América.* Setze die fehlenden Formen im Indefinido ein.** 

1. A finales del siglo XV los Reyes Católicos ______ (aprobar = *zustimmen*) el proyecto de Cristóbal Colón de navegar a la India.
2. El 17 de abril de 1492 Colón ______ (firmar) los documentos que ______ (autorizar) y ______ (financiar) la expedición.
3. Entonces Colón y su tripulación ______ (hacerse a la mar = *in See stechen*) con las tres naves: la Santa María, la Pinta y la Niña.
4. Pocas horas después de medianoche del 12 de octubre de 1492 el marinero Rodrigo de Triana ______ (gritar): "¡Tierra a la vista!"
5. Entonces Cristóbal Colón ______ (tomar) posesión de la isla y ______ (subyugar = *unterwerfen*) a la población nativa.

ÜBUNG 5 ***La biografía de Hernán Cortés.* Schreibe die Kurzbiografie des Eroberers mithilfe der Bausteine in dein Übungsheft. Verwende das Indefinido.** 

nacer en 1485 en Extremadura – hijo de un hidalgo *(niederer spanischer Adel)*
1511 – participar – la conquista de Cuba
1519 – iniciar una expedición militar – a México
1521 – vencer a los aztecas – conquistar Tenochtitlán – morir más de 200 000 aztecas
1530 a 1540 – vivir en México
regresar a España
morir en 1547 en Andalucía

1.2 Das Pretérito imperfecto

(el pretérito imperfecto)

Regelmäßige Bildung

Verben auf *-ar* haben im **Pretérito imperfecto** folgende Endungen:
*trabaj**ar***
*(yo) trabaj**aba***
*(tú) trabaj**abas***
*(él / ella / Ud.) trabaj**aba***
*(nosotros / -as) trabaj**ábamos***
*(vosotros / -as) trabaj**abais***
*(ellos / ellas / Uds.) trabaj**aban***

Tomás **esperaba** a su padre mientras Gabriel y Ana **charlaban.**

Cuando las chicas **hablaban** sobre películas románticas, los chicos **jugaban** videojuegos.

Verben auf *-er* und ***-ir*** bilden folgende Formen:
*com**er** / escrib**ir***
*(yo) com**ía** / escrib**ía***
*(tú) com**ías** / escrib**ías***
*(él / ella / Ud.) com**ía** / escrib**ía***
*(nosotros / -as) com**íamos** / escrib**íamos***
*(vosotros / -as) com**íais** / escrib**íais***
*(ellos / ellas / Uds.) com**ían** / escrib**ían***

De pequeños Jorge y Sebastián siempre **tenían** ganas de jugar. **Corrían** uno detrás del otro y se **reían** mucho.

Antes **leía** muchos libros y no **veía** la tele.

Merke: Die Endungen der regelmäßigen Verben auf *-er* und *-ir* tragen einen **Akzent.** Die **Betonung** liegt bei allen Verben auf den Endungen.

Cuando **vivíamos** en el campo, **teníamos** muchos animales.

Unregelmäßige Formen

Das **Pretérito imperfecto** kennt nur drei unregelmäßige Formen:

ser	***ir***	***ver***
era	*iba*	*veía*
eras	*ibas*	*veías*
era	*iba*	*veía*
éramos	*íbamos*	*veíamos*
erais	*ibais*	*veíais*
eran	*iban*	*veían*

Mauricio **era** un niño muy tranquilo.
Siempre **iban** de vacaciones a Francia.
Antes os **veíais** poco porque teníais que trabajar mucho.

WISSEN

Gebrauch

Das **Pretérito imperfecto** wird verwendet, um	
■ Gewohnheiten, wiederholte Vorgänge oder Handlungen in der Vergangenheit zu beschreiben,	Todos los días **se levantaba** a las seis. Siempre **llegaban** tarde.
■ Personen (Aussehen, Charakter, Herkunft, Beruf, Religion), Sachen und Orte zu beschreiben,	**Era** muy guapo. **Tenía** el pelo rizado. **Trabajaba** en Venezuela.
■ gleichzeitig ablaufende Handlungen zu beschreiben,	Mientras **tomaba** café, **leía** el periódico.
■ (Uhr-)Zeitangaben in der Vergangenheit zu machen,	**Eran** las doce. **Era** ya muy tarde.
■ sich höflich zu äußern ***(imperfecto de cortesía)***,	¿Qué **deseaba**? – **Quería** un agua sin gas.
■ Träume nachzuerzählen.	Soñé que **iba** en coche y que Isabel **estaba** sentada a mi lado.

Signalwörter

Folgende Zeitangaben werden häufig in Zusammenhang mit dem **Pretérito imperfecto** verwendet:	
■ ***antes*** (früher) ■ ***siempre*** (immer) ■ ***normalmente*** (normalerweise) ■ ***frecuentemente / a menudo*** (oft / häufig)	**Antes** las mujeres no llevaban pantalones. Eva **siempre** conocía a todo el mundo. **Normalmente** íbamos en coche. Elena **frecuentemente** estaba enferma. Manuel **a menudo** faltaba en clase.
■ ***todos los días*** (jeden Tag) ■ ***en aquella época*** (in jener Zeit) ■ ***(en aquel) entonces*** (damals) ■ ***los fines de semana / los sábados*** (am Wochenende / samstags)	**Todos los días** visitaba a su abuela. **En aquella época** hacía mucho frío. **Entonces** vivían en el campo. **Los domingos** íbamos a misa (Kirche).
■ ***mientras*** (während)	**Mientras** contaba un cuento, mi abuelo me acariciaba (streicheln).
■ ***soler*** im **imperfecto** + Infinitiv (jemand pflegte, etwas zu tun)	**Solía** salir de casa muy temprano.

ÜBUNG 6 **Ergänze in der Tabelle die fehlenden Verbformen im Pretérito imperfecto.**

	comprar	querer	discutir	ir	ser
yo					
tú	comprabas				
él / ella / Ud.		quería			
nosotros / -as			discutíamos		
vosotros / -as				ibais	
ellos / -as / Uds.					eran

ÜBUNG 7 **Setze die in Klammern angegebenen Verben ins Pretérito imperfecto.**

1. Cuando mi abuelo ______ (ser) joven, ______ (vivir) en La Habana.
2. Los Cárdenas antes ______ (tener) un coche rojo.
3. Los fines de semana mi hermana y yo siempre ______ (ir) a la discoteca.
4. Antes la gente ______ (comunicarse) de otra forma porque ______ (no haber) e-mail.
5. De pequeño (yo) ______ (hacer) cosas para hacer enfadar a mi madre.

ÜBUNG 8 **Ordne die konjugierten Verbformen den jeweiligen Personen richtig zu.**
Tipp: Für manche Formen gibt es mehr als eine richtige Lösung.

ÜBEN

ÜBUNG 9 **Höre dir Track 1 auf der CD an und notiere, was sich in Ernestos Stadtviertel verändert hat.**

En mi barrio ahora ...	pero antes ...
1. Los niños no están en las calles.	
2. Los ancianos no se reúnen en los bares.	
3. No hay parque.	
4. La gente no charla en las plazas.	
5. El autobús tiene una parada.	
6. La gente es de diferentes orígenes.	
7. Se recicla el papel y los envases.	
8. Pasan a recoger la basura.	

WISSEN 

Möchte man im Spanischen beschreiben, dass ein Vorgang oder Zustand in der Vergangenheit im Gange war, als eine andere Aktion eintrat, so verwendet man ***estar*** **im Pretérito imperfecto** + Gerundio.

Estaba haciendo la comida cuando tocaron a la puerta.
¿Qué **estabas haciendo** cuando te llamé anoche?

ÜBUNG 10 **Bilde aus den Bausteinen Sätze nach dem angegebenen Muster und schreibe sie in dein Übungsheft.**

Beispiel: Marta – trabajar – cuando – sonar – teléfono → Marta estaba trabajando cuando sonó el teléfono.

1. alumnos – estar – en clase de física – cuando – entrar – profesor de francés
2. Lorenzo – mirar – película – cuando – estropearse *(kaputt gehen)* – la tele
3. Claudia – tocar – violín – cuando – su hermano – salir – salón
4. Mirta – viajar – tren – cuando – empezar – tormenta

1.3 Pretérito Indefinido und imperfecto im Vergleich

(comparación entre pretérito indefinido e imperfecto)

Wenn man im Spanischen Ereignisse in der **Vergangenheit** schildern möchte, verwendet man vor allem das **Indefinido** und das **Pretérito imperfecto.**

Gebrauch des Indefinido

Das **Pretérito Indefinido grenzt** Geschehnisse **zeitlich ab** (1) und **beschreibt nacheinander** (2) und / oder **plötzlich** einsetzende Handlungen in der Vergangenheit (3). Es gibt Antwort auf die Fragen „Was ist geschehen?" und „Welche Handlung stand im Vordergrund?"

Aquel día **fui** al Parque de Retiro (1). Me **senté** en un banco y **empecé** a leer un libro muy interesante (2). De pronto **escuché** una voz agradable a mi lado (3).

Gebrauch des imperfecto

Mit dem **Pretérito imperfecto** wird eine andauernde Handlung (Rahmenhandlung) beschrieben (4). Diese beinhaltet die Beschreibung eines Zustandes, einer Situation (5), der Art und Weise eines Vorgangs (6) sowie die Begründung einer Handlung (7). Es gibt Antwort auf die Fragen „Was war schon?", „Wie war der Handlungsrahmen (Personen / Dinge)?" und „Warum ist es geschehen?".

Era un día hermoso y soleado de primavera (4) y me **sentía** muy bien (5). La chica que me **hablaba** de forma tan agradable (6) **quería** saber la hora (7).

Merke: Zur näheren Beschreibung eines Vorgangs oder Zustands wird häufig auch die Verlaufsform mit *estar* im **imperfecto** + Gerundio verwendet (8).

La chica **estaba esperando** (8) a una amiga.

Pretérito imperfecto und Indefinido in einem Text

Mit folgender Eselsbrücke fällt die Unterscheidung zwischen diesen beiden Vergangenheitsformen leichter:
Stellt man sich eine Geschichte in der Vergangenheit bildlich auf einer Bühne vor, so gibt man die Beschreibung der **Kulisse** und die **Rahmenbedingungen** im **Pretérito imperfecto** wieder. Beschreibt man hingegen die **aufeinander folgenden** oder **plötzlich einsetzenden Handlungen** der Schauspieler, so verwendet man das **Indefinido.**

Era un piso muy pequeño. En la mesa que **estaba** en medio **había** dos copas de vino. Entonces **entró** un hombre y se **sentó** en la mesa. Se **tomó** el vino y ...

Bedeutungsunterschiede bei Verben

Manche Verben **ändern ihre Bedeutung** je nach Verwendung im **Pretérito imperfecto** oder **Indefinido.**

Zu ihnen gehören:
- *saber* (wissen / erfahren),
- *conocer* (kennen / kennenlernen),
- *tener* (haben, besitzen / haben, bekommen).

No **sabía** que Juan tenía un hermano.
(Ich wusste nicht, dass Juan einen Bruder hat.)
Supe que Juan tiene un hermano.
(Ich erfuhr, dass Juan einen Bruder hat.)

Roberto ya **conocía** a Laura.
(Roberto kannte Laura schon.)
Roberto **conoció** a Laura en Bogotá.
(Roberto lernte Laura in Bogotá kennen.)

Patricia **tenía** muchos amigos en Lima.
(Patricia hatte in Lima viele Freunde.)
Patricia **tuvo** un bebé / un accidente.
(Patricia bekam ein Baby / hatte einen Unfall.)

ÜBUNG 11 **Ordne die Zeitangaben aus dem Wortspeicher der richtigen Zeitform zu.**

aquel día - y entonces - antes - mientras - soler + Infinitiv - siempre - de pronto - frecuentemente - en 2001 - después

Pretérito imperfecto	Pretérito Indefinido

ÜBUNG 12 **Setze die folgenden Sätze in die Vergangenheit. Achte dabei auf die Signalwörter, markiere sie und wähle danach das Pretérito imperfecto oder Indefinido.**

1. José siempre come mucho.

2. De pronto frena *(bremsen)* el coche.

3. Marisol frecuentemente escribe cartas a su familia en Cuba.

4. Suelo (soler) cantar en un coro los martes.

5. Primero va a casa y después hace sus deberes.

6. Estamos leyendo un cuento cuando entra mi tía.

7. Los Herrera a menudo tienen visita.

ÜBEN

WISSEN 

Märchen
Auch die **Rahmenhandlung** von Märchen wird im **Pretérito imperfecto** erzählt. Spanische Märchen beginnen immer mit ***„Érase una vez …“*** (Es war einmal …)

Érase una vez una niña que **era** muy linda y simpática. Todo el mundo la **quería** mucho. La **llamaban** Caperucita Roja *(Rotkäppchen)* porque siempre **llevaba** una caperuza de flanela roja.

ÜBUNG 13 ***Los músicos de Bremen:*** **Höre dir Track 2 auf der CD an und notiere alle Vergangenheitsformen (Pretérito imperfecto und Indefinido), die im Märchen vorkommen, in deinem Übungsheft. Die Infinitive im Wortspeicher helfen dir dabei. Tipp: Einige Verben kommen mehrmals vor.**

escaparse – ser – salir – ponerse – encontrarse – caminar – situarse – ver – hacer – querer – decidir – buscar – hacer – gritar – quedarse – ocupar

ÜBUNG 14 **Ordne die Sätze und schreibe Claras Geschichte in dein Übungsheft. Benutze das Pretérito imperfecto und das Indefinido. Tipp: Lies dir noch einmal die Eselsbrücke zum Gebrauch der beiden Zeiten im Wissen-Teil durch.**

De pronto (sentarse) un chico a su mesa y le (decir): „Hola, me llamo Cristián y necesito tu ayuda …“.

Clara (tomar) un café con leche y (leer) un libro mientras (esperar) a su novio Rafael.

(ser) un día soleado y bonito en el centro de Buenos Aires: (hacer) buen tiempo y (haber) mucha gente en los cafés.

Cristián (ser) de Costa Rica y (vivir) en el hotel de al lado.

Entonces (llegar) Rafael y (preguntar): „¿Qué estás hablando con mi novia?“

1.4 Das Pluscuamperfecto (el pluscuamperfecto)

Bildung

Das **Pluscuamperfecto** wird mit der **imperfecto-Form** des Hilfsverbs ***haber*** und dem unveränderlichen **Partizip Perfekt** gebildet.

haber	**+ Partizip Perfekt**
(yo) había	*trabajado*
(tú) habías	*comido*
(él / ella / Ud.) había	*vivido*
(nosotros /-as) habíamos	*visto*
(vosotros/ -as) habíais	
(ellos / ellas / Uds.) habían	

Cuando llegaste a mi casa ya **había salido.**
Cuando llegué a tu casa ya **habías salido.**
Cuando llegué a su casa ya **había salido.**
Cuando llegaste a nuestra casa ya **habíamos salido.**
Cuando llegué a vuestra casa ya **habíais salido.**
Cuando llegué a su casa ya **habían salido.**

Gebrauch

Das **Pluscuamperfecto** wird – ebenso wie im Deutschen – verwendet, um auszudrücken, dass **Handlungen und Ereignisse beendet waren,** als eine neue Handlung oder ein neues Ereignis eintrat. Man nennt es daher auch Vorvergangenheit.

Merke: Das Pluscuamperfecto entspricht im **Gebrauch** dem **deutschen Plusquamperfekt.**

Rosario ya **había preparado** la cena cuando regresó su marido del trabajo.

Ya **habían arreglado** la máquina cuando se rompió de nuevo.

Había puesto un anuncio en el periódico, pero no conseguí vender el coche.

Mamá se enojó porque no **habíamos cerrado** bien la puerta.

WISSEN

ÜBUNG 15 **Setze die angegebenen Verbformen ins Pluscuamperfecto.**

1. presentar → él
2. mentir → yo
3. decir → nosotros
4. hacer → Ud.
5. ser → vosotros
6. ir → ellas
7. comer → tú
8. sentir → Uds.

ÜBUNG 16 **Finde 12 Partizip-Perfekt-Formen im Buchstabengitter. Sie sind senkrecht, waagrecht und diagonal versteckt. Schreibe sie in dein Übungsheft.**

d	e	f	k	r	r	a	q	u	e	d	a	d	o	j
a	h	m	p	o	l	u	n	r	i	d	s	g	a	l
d	a	l	a	r	m	a	d	o	b	i	c	x	d	e
e	g	h	n	j	k	l	ñ	p	u	x	o	i	o	v
s	n	a	d	a	d	o	y	t	r	s	n	m	n	a
c	f	b	a	b	y	f	i	d	a	m	o	u	t	n
u	r	i	d	c	s	i	d	o	c	d	c	n	a	t
b	u	l	o	h	q	e	h	l	a	a	i	n	l	a
i	m	l	n	u	u	c	x	d	b	p	d	s	o	d
e	m	i	u	r	e	d	o	e	i	d	o	t	m	o
r	o	m	l	h	e	j	o	l	y	n	d	a	e	f
t	z	u	ñ	z	l	y	v	a	n	q	u	l	r	e
o	u	i	n	v	e	s	t	i	g	a	d	o	f	d

ÜBUNG 17 **Setze die passende Form des Pluscuamperfecto ein.**

1. Noté enseguida que ya (leer / yo) el libro.
2. Al entrar sintió que (pasar) algo.
3. Antes de maquillarse Ana (ducharse).
4. No (estar / nosotros) ni cinco minutos en la fiesta cuando llegaron los padres de David.
5. Ya le (decir / ellos) que ahí estaba prohibido fumar.

ÜBUNG 18 **Bilde aus den Bausteinen Sätze mit *porque* wie im angegebenen Beispiel. Achte dabei auf die zeitliche Reihenfolge der Ereignisse.**

1. Antonio – llegar tarde al instituto – perder el tren

   Antonio llegó tarde al instituto porque había perdido el tren.

2. Roberto – estudiar mucho – tener un buen resultado en el examen

3. Margarita – comprar el CD de Manu Chao – oír la nueva canción en la radio

4. ducharse – Jaime – sudar *(schwitzen)* en el gimnasio

5. no poder ir de compras – doña Rafaela – perder el monedero

6. Yo – tener que ir al hospital – caerse

ÜBUNG 19 **Übersetze die folgenden Sätze in der Vergangenheit.**

1. Als Daniel nach Hause kam, hatte seine Frau eine Überraschung vorbereitet.

2. Ich hörte, dass jemand eine Nachricht *(el mensaje)* auf dem Anrufbeantworter *(contestador automático)* hinterlassen hatte *(dejar)*.

3. Der Junge weinte, weil er vom Fahrrad gefallen war.

4. Wir kamen spät zurück, weil es einen Unfall gegeben hatte.

ÜBEN

Klassenarbeit 1

AUFGABE 1 **Handelt es sich bei den folgenden Sätzen um das Pretérito imperfecto, das Indefinido oder das Pluscuamperfecto? Kreuze an und markiere das Signalwort, sofern vorhanden.**

	Pretérito imperfecto	Pretérito Indefinido	Pluscuam-perfecto
1. Sofía había tomado el tren para ir al centro.	☐	☐	☐
2. El sábado pasado fuimos al cine.	☐	☐	☐
3. De pronto el bebé empezó a gritar.	☐	☐	☐
4. Siempre iban en bicicleta.	☐	☐	☐
5. ¿Os habíais conocido en París?	☐	☐	☐
6. Antes la gente tenía menos dinero.	☐	☐	☐

AUFGABE 2 **Ergänze die fehlenden Formen in der Tabelle.**

	Presente	Pretérito imperfecto	Pretérito Indefinido	Pluscuam-perfecto
1.		trabajaban		
2.	vivo			
3.				habíais visto
4.			dije	
5.			empezaste	
6.	conozco			
7.		íbamos		
8.				habíais abierto

TESTEN

AUFGABE 3 **Ergänze die Tabelle.**

Infinitiv	Partizip Perfekt	Infinitiv	Partizip Perfekt
viajar		escribir	
	entendido		visto
abrir		poner	

AUFGABE 4 **Übersetze die folgenden Sätze in der Vergangenheit und schreibe sie in dein Übungsheft.**

1. Letztes Jahr schenkte mir Alberto ein Armband *(un brazalete)* zum Geburtstag.
2. Mein Urgroßvater *(el bisabuelo)* war Argentinier.
3. Ich rief die Polizei, weil man mir mein Auto gestohlen hatte *(robar)*.
4. Früher verdienten die Menschen mehr Geld.
5. Vor zwei Jahren kauften sich die Méndez eine Wohnung.

AUFGABE 5 **Pretérito imperfecto, Indefinido oder Pluscuamperfecto? Entscheide, welche die richtige Zeit ist, und setze die passende Verbform ein.**

_______ (conocer / yo) a mi marido Martín en Santa Fe. Los dos _______ (estar) pasando las vacaciones allí. Aquel día _______ (decidir / yo) ir a la playa porque _______ (hacer) buen tiempo. Martín _______ (comer) un bocadillo y _______ (no prestar) atención cuando de pronto _______ (acercarse) una gaviota *(Möwe)* y le _______ (quitar) el bocadillo de las manos. Como yo _______ (planear) quedarme en la playa todo el día, _______ (estar) bien preparada: _______ (llevar) dos bocadillos, bebidas y fruta. Martín y yo _______ (compartir) todo y aquel día _______ (enamorarse / nosotros).

TESTEN

Klassenarbeit 2

45 Minuten

AUFGABE 6 **Verbinde die Formen des Partizip Perfekt mit ihrem Infinitiv. Beachte, dass es sich dabei um regelmäßige und unregelmäßige Formen handelt. Danach schreibe die in Klammern angegebene Form im Pluscuamperfecto auf.**

1. hecho	a. morir (Olga)	
2. terminado	b. poner (los Fraga)	
3. leído	c. hacer (tú)	habías hecho
4. encontrado	d. terminar (vosotras)	
5. vivido	e. volver (Eva y yo)	
6. puesto	f. decir (Raúl)	
7. muerto	g. encontrar (yo)	
8. abierto	h. leer (tú y Belén)	
9. vuelto	i. abrir (Elías y yo)	
10. dicho	j. vivir (Uds.)	

AUFGABE 7 **Setze die Minisätze in die fehlenden drei Zeiten. Tipp: Überlege dir zuerst den Infinitiv des Verbs.**

	Presente	Pretérito imperfecto	Pretérito Indefinido	Pluscuam-perfecto
1.				No lo había visto.
2.		(Él) Estaba enfermo.		
3.	Vamos a Quito.			
4.			Hablasteis con él.	
5.				Habíais llamado.
6.	Comes mucho.			

AUFGABE 8 **Umkreise in den nachstehenden Sätzen jeweils die Vergangenheitsformen und ggf. Signalwörter. Benutze wie im Beispiel gelb für abgeschlossene Handlungen (Pretérito Indefinido), grün für Zustände und Rahmenbedingungen (Pretérito imperfecto) und blau für die Vorvergangenheit (Pluscuamperfecto).**

1. Ayer no pude venir. Pensaba que tenía el coche, pero Emilio lo había tomado para ir al gimnasio.
2. Hacía buen tiempo y era mi día libre. Decidí dar un paseo por el puerto porque no había estado allí desde que vinieron Pedro y Graciela el año pasado.
3. La semana pasada, como llovía, fuimos al museo. Cuando llegamos, salió el sol y decidimos ir al parque.
4. Los Nuñez habían solicitado un crédito en el banco porque querían comprar una casa. Desafortunadamente el Sr. Nuñez se murió poco después y la esposa tuvo que vender la casa otra vez.
5. Anoche no hice la tortilla porque no tenía huevos en casa.

AUFGABE 9 **Pretérito imperfecto, Indefinido oder Pluscuamperfecto? Setze ein.**

Eva Duarte de Perón, llamada Evita Perón, ______ (nacer) en un pueblo argentino en 1919. Allí su familia y ella ______ (vivir) pobremente hasta que Evita ______ (decidir) ir a la capital en 1935. Sólo ______ (tener) 16 años cuando ______ (huir) a Buenos Aires para empezar una vida mejor. Allí Evita ______ (casarse) con el político Juan Domingo Perón al que ______ (conocer) unos años antes. En 1945 los conservadores ______ (desterrar = *verbannen*) a Perón porque ______ (no aceptar) las reformas sociales que ______ (introducir) como vicepresidente. Entonces Evita ______ (iniciar) una campaña para liberar a su esposo que ______ (culminar = *gipfeln*) en una de las mayores manifestaciones populares. Un año más tarde Juan Domingo ______ (presentarse) a las elecciones y ______ (triunfar).

TESTEN

2 Das Futuro und das Condicional

2.1 Das Futuro simple (el futuro simple)

Regelmäßige Formen

Das **Futuro simple** verfügt über **einheitliche Endungen** für alle Konjugationsgruppen. Im Gegensatz zu den Zeiten der Vergangenheit werden die Endungen an die komplette Infinitivform gehängt.

-ar: hablar + -**é** (ich werde sprechen)
-er: beber + -**é** (ich werde trinken)
-ir: vivir + -**é** (ich werde leben)

(yo) Infinitiv + *-é*
(tú) Infinitiv + *-ás*
(él / ella / Ud.) Infinitiv + *-á*
(nosotros / -as) Infinitiv + *-emos*
(vosotros / -as) Infinitiv + *-éis*
(ellos / ellas / Uds.) Infinitiv + *-án*

Prepararé un plato italiano.
¿**Te mudarás** este fin de semana?
La nueva tienda **abrirá** el mes que viene.
Esto le **preguntaremos** a nuestro profe.
Mañana **aprenderéis** más palabras.
Los niños **compartirán** una habitación.

Achtung: Die **Betonung** fällt im Futuro simple immer auf die **Endung.** Bis auf die 1. Person Plural tragen alle Endungen einen Akzent.

Apuntar**é** los resultados de las elecciones.
No trabajar**ás** el domingo.
Maná producir**á** su nuevo disco en EE.UU.
Ser**éis** mis testigos.
Los bancos perder**án** mucho dinero.

Unregelmäßige Formen

Einige Verben besitzen im **Futuro simple** einen unregelmäßigen Verbstamm, an den die Futurendungen angehängt werden. Man unterscheidet dabei zwei Gruppen: Die Verben der ersten Gruppe haben einen **verkürzten Stamm,** da das ***e*** bzw. ***i*** der Infinitivendung wegfällt:

caber: cabré, cabrás, cabrá ...
decir: diré, dirás, dirá ...
hacer: haré, harás, hará ...
poder: podré, podrás, podrá ...
querer: querré, querrás, querrá ...
saber: sabré, sabrás, sabrá ...

El mueble no **cabrá** en el maletero.
¿Quién les **dirá**?
Lo **haremos** mejor en el futuro.
Los estudiantes **podrán usar** el internet.
Siempre te **querré.**
Mañana **sabrás** más.

Die zweite Gruppe ersetzt das ***e*** bzw. ***i*** der Infinitivendung durch ***d:***	
poner: pondré, pondrás, pondrá … ***tener: tendré, tendrás, tendrá …*** ***salir: saldré, saldrás, saldrá …*** ***valer: valdré, valdrás, valdrá …*** ***venir: vendrá, vendrás, vendrá …***	¿Qué nombre le **pondrás** a tu hijo? ¿Qué **tendremos** que hacer? Las entradas **saldrán** a la venta. ¿Cuánto **valdrá** el coche? Mi padre **vendrá** por Navidad.

Gebrauch

Das **Futuro simple** wird verwendet, um Vorgänge und Handlungen auszudrücken, die **in der Zukunft** liegen.	La próxima semana **iré** a Granada. El lunes a esta hora **escribiremos** el test. ¿Qué **haréis** este fin de semana?
Schriftliche **formelle Ankündigungen oder Einladungen** werden ebenfalls im Futuro simple ausgesprochen.	La boda **tendrá** lugar el 12 de septiembre. La ceremonia **empezará** a las dos.
Das Futuro simple kann auch **Unsicherheit, Zweifel und Vermutungen** in Bezug auf die Zukunft wiedergeben.	No sé si **podré** ir a la fiesta. (Ich weiß nicht, ob ich zur Party werde gehen können.) **Será** la una. (Es wird ungefähr 1 Uhr sein.)
Mit dem Futuro simple kann man auch **Forderungen, Gebote oder Verbote** zum Ausdruck bringen.	¡No **matarás**! Hoy no **jugarás** con tus amigos. **Te quedarás** en casa y **harás** tus deberes.
Achtung: In der Umgangssprache wird das Futuro simple häufig durch ***ir a*** **+ Infinitiv** ersetzt, um über Vorgänge und Handlungen in der nahen Zukunft zu sprechen.	**Voy a llamarte** mañana. (statt: Te **llamaré** mañana.) ¿**Te vas a duchar** primero? (statt: ¿**Te ducharás** primero?) Lo **vamos a ver.** (statt: Lo **veremos.**) Mis padres **van a llegar** a las cinco. (statt: Mis padres **llegarán** a las cinco.)

ÜBUNG 1 **Höre dir Track 3 auf der CD an und bilde die Verbform im Futuro simple.**

3

1. (tú) ____	2. (ellos) ____
3. (yo) ____	4. (él) ____
5. (ellas) ____	6. (nosotros) ____
7. (ella) ____	8. (vosotros) ____

ÜBUNG 2 **Mónica besucht eine Wahrsagerin, die für sie in die Zukunft blickt. Formuliere die Vorhersagen im Futuro simple und beginne mit *„Yo creo que …“*. Schreibe sie in dein Übungsheft.**

1. Tus padres y tú pasáis las vacaciones juntos.
2. Tu abuela gana la lotería de Navidad.
3. Tu sobrina se casa con su compañero de trabajo.
4. Tu novio y tú tenéis por lo menos dos hijos.
5. Tú haces carrera como abogada.

ÜBUNG 3 **Filipo reist durch Mexiko und ruft zu Hause an. Seine Eltern wollen wissen, was er schon gemacht hat. Formuliere die Antwort im Futuro simple.**

1. ¿Has visto los murales de Diego Rivera? – No, los ____ hoy.
2. ¿Has probado un plato típico? – No, lo ____ esta noche.
3. ¿Has hecho una excursión? – No, la ____ mañana.
4. ¿Has visitado el museo de Frida Kahlo? – No, lo ____ el lunes.
5. ¿Te has puesto crema solar? No, me la ____ después.

ÜBUNG 4 **Übersetze die folgenden Sätze und schreibe sie in dein Übungsheft.**

1. Du wirst zu Hause bleiben und uns helfen.
2. Die Flaschen werden nicht in die Tasche passen.
3. Elena wird die Betten machen.
4. Morgen um diese Zeit werde ich in Málaga sein.
5. Das Telefon klingelt. Wer wird es wohl sein?

2.2 Das Condicional (el condicional)

Regelmäßige Formen

Das **Condicional** ist ein **Modus,** in dem ausgedrückt wird, dass eine Handlung **passieren könnte.** Wie das Futuro simple verfügt es über **einheitliche Endungen** für alle Konjugationsgruppen:

-ar: hablar + -**ía** (ich würde sprechen)
-er: beber + -**ía** (ich würde trinken)
-ir: vivir + -**ía** (ich würde leben)

(yo) Infinitiv + ***-ía***
(tú) Infinitiv + ***-ías***
(él / ella / Ud.) Infinitiv + ***-ía***
(nosotros / -as) Infinitiv + ***-íamos***
(vosotros / -as) Infinitiv + ***-íais***
(ellos / ellas / Uds.) Infinitiv + ***-ían***

No **me levantaría** tan temprano.
¿Qué **harías** sin el fútbol?
Mi tío **elegiría** un vino tinto.
Con su apoyo **venceríamos** al sistema.
¿Cuál **prohibiríais** – el alcohol o el tabaco?
¿Te **interesarían** los coches antiguos?

Achtung: Im Condicional haben **alle Endungen einen Akzent.** Die Endungen entsprechen den Imperfektendungen der Verben auf *-er* und *-ir*, doch werden sie hier an den Infinitiv angehängt.

Antes **vivíamos** en el campo. (imperfecto)
(Früher lebten wir auf dem Land.)
En el campo **viviríamos** mejor. (Condicional)
(Auf dem Land würden wir besser leben.)

Merke: Die 1. und 3. Person Singular haben die gleiche Endung.

Te ofrece**ría** un café pero se acabó.
Pedro nunca guarda**ría** dinero en casa.

Unregelmäßige Formen

Im **Condicional** trifft man auf dieselben unregelmäßigen Verbstämme wie im Futur (↑ Kap. 2.1).

- Verkürzter Stamm:

caber: cabría, cabrías, cabría ...
decir: diría, dirías, diría ...
hacer: haría, harías, haría ...
poder: podría, podrías, podría ...
querer: querría, querrías, querría ...
saber: sabría, sabrías, sabría ...

Estos vaqueros no me **cabrían.**
¿Qué **diriáis** vosotros de este asunto?
¿Por qué motivo **harías** esto?
¿**Podría** preguntarte algo?
¿Con quién de los dos **querrías** salir?
¿**Sabrían** explicarme estos puntos?

■ Ersatz von *e* bzw. *i* der Endung durch ***d:*** ***poner: pondría, pondrías, pondría ...*** ***tener: tendría, tendrías, tendría ...*** ***salir: saldría, saldrías, saldría ...*** ***valer: valdría, valdrías, valdría ...*** ***venir: vendría, vendrías, vendría ...***	Mi hermano nunca **pondría** la mesa. **Tendría** que ahorrar mucho dinero. No **saldría** sin mi pareja. Nos **valdríamos** de nuestros contactos. **Vendría** a pie desde el centro.
Achtung: Anstelle von ***querría*** (ich möchte gerne) findet man auch häufig die Form ***quisiera.*** Dabei handelt es sich um das Pretérito imperfecto de subjuntivo von ***querer,*** das verwendet wird, um das Condicional auszudrücken. Dies gilt nur für ***querer*** in der 1. Person Singular.	**Quisiera** pasar las vacaciones con mi novio. (Statt: **Querría** pasar las vacaciones con mi novio.) **Quisiera** hacer un viaje alrededor del mundo. (Statt: **Querría** hacer un viaje alrededor del mundo.)

Gebrauch

Das **Condicional** wird verwendet, um einen **höflichen Wunsch** auszudrücken oder um jemanden höflich um einen **Gefallen** zu bitten.	Me **gustaría** hablar con el Sr. Pérez. **Preferiría** no salir este sábado. ¿Me **podrías** ayudar?
Ratschläge können ebenfalls im Condicional erteilt werden.	Os **recomendaríamos** no fumar tanto. En tu lugar, no **conduciría** sin gafas.
Das Condicional eignet sich auch dazu, die **persönliche Meinung** etwas abgeschwächt wiederzugeben.	Yo **diría** que este argumento no vale. Yo **añadiría** que no funciona así.
Es wird auch für die **indirekte Rede** verwendet. Taucht in der direkten Rede das Condicional oder das Futur auf, so wird das entsprechende Verb in der indirekten Rede mit dem Condicional ausgedrückt.	Rosa: "Me gustaría volver este viernes." → Dijo que le **gustaría** volver ese viernes. Paula: "Iré a México el próximo año." → Paula me dijo que **iría** a México el año que viene.
Mit dem Condicional kann man auch **irreale Sachverhalte** zum Ausdruck bringen.	Con un millón de euros **dejaría** de trabajar. En tu lugar no **compraría** ese coche.

ÜBUNG 5 **Ergänze die entsprechenden Verbformen des Condicional.**

		yo	nosotros	ellos
1.	tener			
2.	escribir			
3.	ser			
4.	hacer			
5.	poder			

ÜBUNG 6 ***¿Qué harías tú?*** **Setze die angegebenen Verben in die richtige Form und frage deinen Freund, wie er sich entscheiden würde.**

1. ahorrar dinero o gastar todo el sueldo cada mes

2. viajar a Marruecos o quedarse en casa

3. ir al teatro o encontrar amigos

4. hacer deporte o mirar la tele

ÜBUNG 7 **Formuliere den Befehl in eine höfliche Frage um. Verwende das Condicional.**

1. ¡Dame tu bolígrafo!
2. ¡Sal conmigo esta noche!
3. ¡Haced más café!
4. ¡Dile que no!
5. ¡Cerrad las ventanas!
6. ¡Venid a las cuatro de la tarde!

ÜBUNG 8 *Sara y Marcos están soñando con nacer de nuevo.* **Ordne zu, wer wovon träumt, und formuliere Sätze im Condicional. Schreibe diese in dein Übungsheft.**

ser una princesa - encontrar a muchas modelos - ser un superhéroe - trabajar como diseñadora - viajar por muchos países interesantes - llamarme Christine - conducir un coche rápido - salvar (retten) a todo el mundo - ayudar a los pobres - inventar una máquina fantástica

Sara

Marcos

WISSEN

Indirekte Rede

Denke daran, beim Übertragen der Sätze auch Pronomen, Zeit- und Ortsangaben der Sprecherperspektive anzupassen, z. B.:

yo → él / ella, nosotros / -as → ellos / -as
mi(s) → su(s)
hoy → ese día, ayer → el día anterior, mañana → el día siguiente
aquí → ahí

Nuria: "No puedo encontrar **mis** cosas." → Nuria dijo que no podía encontrar **sus** cosas.
Paco: "Fui al cine **ayer.**" → Paco dijo que había ido al cine **el día anterior.**
El reportero: "**Aquí** la gente no sabe qué hacer. → El reportero comentó que **ahí** la gente no sabía qué hacer.

ÜBUNG 9 **Höre dir Track 4 auf der CD an und formuliere die Sätze in die indirekte Rede um, indem du das Futuro simple in das Condicional setzt.**

1. Pablo nos informó que ________________.
2. Carla dijo que ________________.
3. David anunció que ________________.
4. La profesora de latín ofreció que ________________.
5. Santi me preguntó si ________________.

Klassenarbeit 1

AUFGABE 1 **Ergänze die entsprechenden Verbformen.**

		Futuro simple	Condicional
1.	lavar (ellos)		
2.	poder (yo)		
3.	decir (nosotros)		
4.	querer (vosotros)		
5.	saber (él)		
6.	responder (tú)		

AUFGABE 2 **Vervollständige die Sätze mit dem Futuro simple.**

1. Si mis padres se van por el fin de semana, ______ (hacer / nosotros) una fiesta e ______ (invitar) a toda la clase.
2. Si mi entrenador no llama por teléfono, no ______ (jugar / yo) al tenis y ______ (tener) tiempo para salir.
3. Si necesitas zapatos nuevos, ______ (ir / nosotros) de compras.
4. Si buscas una respuesta, la ______ (encontrar) en la red *(Internet)*.
5. Si pierde las llaves, el empleado no ______ (poder) entrar.
6. Si no encuentran un piso más grande, no ______ (mudarse).

AUFGABE 3 **Marc hat gute Vorsätze für das neue Jahr. Bilde Sätze mit dem Futuro simple und schreibe in dein Übungsheft, was er zukünftig anders machen will.**

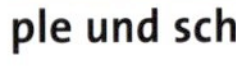

1. estudiar más
2. hacer la cama cada día
3. fregar los platos
4. salir menos
5. vivir más moderadamente
6. debatir menos con mi padre
7. buscar una novia
8. escribir más cartas a mi abuela
9. fumar y beber menos
10. comer más fruta

TESTEN

AUFGABE 4 ***En un mundo mejor …*** **Ergänze die Sätze mit Verben aus dem Wortspeicher.**

ayudar – saber – comprometerse – valer – lograr – poder – compartir

En un mundo mejor …

1. toda la gente ______ leer y escribir.
2. todos los niños ______ ir al instituto.
3. los países ______ paz en todo el mundo.
4. el gobierno ______ a las minorías.
5. los ricos ______ con los pobres.
6. (nosotros) ______ a la lucha contra la injusticia.
7. cada vida ______ lo mismo.

AUFGABE 5 ***¿Condicional o futuro simple?*** **Entscheide, welche Zeit hier richtig ist.**

1. Yo, en tu lugar, ______ (llevar) una vida más sana.
2. ¿Te ayudo ahora o lo ______ (hacer / nosotros) luego?
3. Si duermes más, ______ (tener) suficiente energía para tus hijos.
4. ¡Ya está! No ______ (salir / tú) y no ______ (ver) la tele.
5. Suena el móvil. ¿Quién ______ (ser)?
6. A él le ______ (gustar) hacer negocios con Asia.
7. Esta falda te queda bien. Yo de ti la ______ (comprar).
8. Mi abuela me ha dicho que sus joyas ______ (valer) mucho dinero.

AUFGABE 6 **Übersetze und schreibe die Sätze in dein Übungsheft.**

1. Der Empfang *(la recepción)* wird im Palacio Real stattfinden.
2. Ich denke, dass ihr euch sehr gut amüsieren werdet *(divertirse)*.
3. Wenn du keine Arbeit findest, werden wir nicht in den Urlaub fahren.
4. Sie sagte, dass ihre Firma umziehen werde.
5. Mein Sohn wäre gerne Pilot.
6. Würdest du dich um das Geschenk für Opa kümmern?

3

Der Subjuntivo und der Imperativ

3.1 Das Presente de subjuntivo
(el presente de subjuntivo)

Regelmäßige Bildung

Den **Stamm des Presente de subjuntivo** erhält man, indem man die 1. Person Singular des Präsens Indikativ bildet und die Endung abstreicht.

trabaj**o** (1. Person Singular) → **trabaj-**
beb**o** (1. Person Singular) → **beb-**
viv**o** (1. Person Singular) → **viv-**

Die Konjugationsgruppen **tauschen** im Subjuntivo **ihre Endungen:** Die Verben auf *-**ar*** erhalten ***e***-Endungen, die Verben auf ***-er*** und -***ir*** tragen ***a***-Endungen:
*(yo) trabaj**e** / beb**a***
*(tú) trabaj**es** / beb**as***
*(él / ella / Ud.) trabaj**e** / beb**a***
*(nosotros / -as) trabaj**emos** / beb**amos***
*(vosotros / -as) trabaj**éis** / beb**áis***
*(ellos / ellas / Uds.) trabaj**en** / beb**an***

trabaj**es** (2. Person Singular Subjuntivo)
beb**as** (2. Person Singular Subjuntivo)
viv**as** (2. Person Singular Subjuntivo)

A mí madre le gusta que **trabaje** más.
Es importante que **bebas** mucha agua.
¡Ojalá nos **abra** la puerta!
No creo que lo **necesitemos.**
Espero que **vendáis** la nueva colección.
Trabajan para que los niños **estudien.**

Stammvokaländerungen

Bei Verben auf -***ar*** und -***er*** treten dieselben Veränderungen wie im Präsens auf:

■ ***e → ie: querer***

*qu**ie**ra*	*queramos*
*qu**ie**ras*	*queráis*
*qu**ie**ra*	*qu**ie**ran*

Puedes decir lo que **quieras.**
Es perfecto – ¡no se lo **pierda**!
¡No me **mientas** más!

■ ***o → ue: poder***

*p**ue**da*	*podamos*
*p**ue**das*	*podáis*
*p**ue**da*	*p**ue**dan*

¡Llámame cuando **puedas**!
Es importante que **vuelvas** a sonreír.
Apunta los deberes para que los **recuerdes.**

Bei Verben auf *-ir* wird zusätzlich in der 1. und 2. Person Plural *e* zu *i* und *o* zu *u:*

- ***o → u: dormir***

duerma	*durmamos*
duermas	*durmáis*
duerma	*duerman*

Es imposible que **durmamos** la siesta.
Es de temer que **muráis** de hambre.

- ***e → i: pedir***

pida	*pidamos*
pidas	*pidáis*
pida	*pidan*

Pidamos a Dios que nos protege.
Es posible que **repitamos** el concierto.
No hace falta que os **despidáis.**

Verben mit unregelmäßiger 1. Person Singular

Verben, die eine **unregelmäßige 1. Person im Präsens** haben, bilden auch alle Formen im Subjuntivo unregelmäßig:

conocer: *conozca, conozcas, conozca ...* — Es una pena que no **conozcas** Costa Rica.
decir: *diga, digas, diga ...* — Es importante que lo **digan** al director.
hacer: *haga, hagas, haga ...* — Es muy útil que **hagas** estos ejercicios.
huir: *huya, huyas, huya ...* — Aconsejan que la gente **huya** de su país.
oír: *oiga, oigas, oiga ...* — Se enfadará mucho cuando **oiga** esto.
poner: *ponga, pongas, ponga ...* — Le fastidia que no **pongan** la mesa.
salir: *salga, salgas, salga ...* — Mis padres no quieren que **salga** sola.
tener: *tenga, tengas, tenga ...* — Espero que **tengáis** mucha suerte.
traer: *traiga, traigas, traiga ...* — Es una tontería que no **traigas** las fotos.
venir: *venga, vengas, venga ...* — No me gusta que **vengas** tan tarde.
ver: *vea, veas, vea ...* — Os recomiendo que **veáis** la película.

Unregelmäßige Verben

Folgende Sonderfälle muss man lernen:

ser: *sea, seas, sea ...* — Deseo que **seas** más amable.
ir: *vaya, vayas, vaya ...* — Os aconsejo que **vayáis** temprano.
estar: *esté, estés, esté ...* — Espero que no **esté** enfermo.
dar: *dé, des, dé ...* — Me alegro de que te **den** esa oportunidad.
haber: *haya, hayas, haya ...* — ¡Que **haya** buena música en la fiesta!
saber: *sepa, sepas, sepa ...* — Es lógico que no **sepas** todo.

Gebrauch des Subjuntivo

In **Wünschen** muss nach *¡que ...!* und *¡ojalá ...!* stets der Subjuntivo folgen.	¡**Que** os vaya bien! ¡**Ojalá** no llueva!
In der Regel steht der **Subjuntivo in Nebensätzen** und wird mit *que* eingeleitet. Im Hauptsatz steht ein Verb, das den Subjuntivo auslöst. **Auslösende Verben** gehören den folgenden Gruppen an: ■ Willensäußerung, ■ Gefühlsäußerung oder subjektive Beurteilung, ■ Zweifel oder Nichtglauben, ■ Möglichkeit oder Wahrscheinlichkeit, ■ Zustimmung oder Meinungsverschiedenheit.	**Quiero que** lo tires a la basura. Mi madre **prefiere que** le ayudemos. **Me extraña que** todavía no esté aquí. **Temo que** pierda el tren. **Dudo que** acepten este compromiso. Mis padres **no creen que** sea culpa mía. **Puede ser que** nos veamos mañana. **No estoy de acuerdo con que** cambien la ley de inmigración. **Estoy a favor de que** mejoren las condiciones.
Der Subjuntivo steht auch nach **unpersönlichen Ausdrücken** *(ser* **+ Adjektiv +** *que).*	Es importante que **votemos.** Es necesario que **vayas** al médico. Es posible que **no venga** mañana.
Der **Subjuntivo** wird **im Relativsatz** verwendet, ■ wenn dieser eine Bedingung, Erwartung oder einen Wunsch ausdrückt, ■ wenn das Subjekt oder Objekt der Handlung nicht bekannt ist.	Se busca una secretaria que **sepa** inglés. Quiero una novia que **sea** fiel. El que **tenga** una entrada puede pasar.
Folgende **Konjunktionen** erfordern immer den Subjuntivo: ***para que, en caso de que, sin que, a fin de que, antes / después (de) que, siempre que, a no ser que, en vez de que, con tal (de) que, a menos que***	**En caso de que** me toque la lotería, no trabajo nada más. Te regalo una foto de mí **para que** no me olvides. Nos vamos al cine **con tal de que** termines tus deberes.

ÜBUNG 1 Bilde die 1. Person Singular des Presente de subjuntivo.

1. tener		2. bailar	
3. hacer		4. saber	
5. estar		6. vivir	
7. pedir		8. dar	

WISSEN +

Anpassung der Orthografie
Bedenke bei der Bildung des Subjuntivo der Verben auf *-zar*, dass *z* vor *e* und *i* im Spanischen zu *c* wird.

No quiero que **empieces** sin mí.
Me gustaría que **comencéis** mañana.
Es inevitable que **tropiece** con problemas.

ÜBUNG 2 Bilde die entsprechende Verbform im Presente de subjuntivo.

1. salimos		2. ponéis	
3. eres		4. van	
5. dice		6. encontramos	
7. quieres		8. comienzan	
9. cae		10. traéis	

ÜBUNG 3 Finde 12 versteckte Subjuntivo-Formen und schreibe sie in dein Übungsheft.

C	B	N	H	A	R	U	Z	D	I	G	A	Q	W	P
O	E	S	D	H	A	B	L	E	R	U	I	O	P	L
N	M	H	O	A	I	U	O	M	A	C	F	G	A	R
S	P	O	N	G	A	N	B	O	S	U	N	E	V	E
T	I	E	A	A	S	A	T	S	I	E	N	T	A	S
R	E	E	S	M	H	O	E	O	R	N	I	E	Y	E
U	C	I	C	O	J	A	S	S	T	T	E	P	A	T
Y	E	M	U	S	N	A	E	B	A	E	F	G	N	Z
A	Ñ	F	G	H	B	I	A	N	D	R	H	M	N	U

ÜBUNG 4 **Paco feiert am Wochenende eine Party. Er hofft, dass alles klappt. Bilde die entsprechende Verbform im Presente de subjuntivo.**

1. ¡Que no ______ (llover) este fin de semana!
2. ¡Ojalá que ______ (venir) todos mis amigos!
3. ¡Que ______ (bailar / nosotros) toda la noche!
4. ¡Ojalá que ______ (tener / yo) suficientes bebidas!
5. ¡Que no ______ (haber) problemas con los vecinos!
6. ¡Ojalá que ______ (poder) hablar con Juanita!
7. ¡Ojalá que no ______ (volver) mis padres antes de lo esperado!

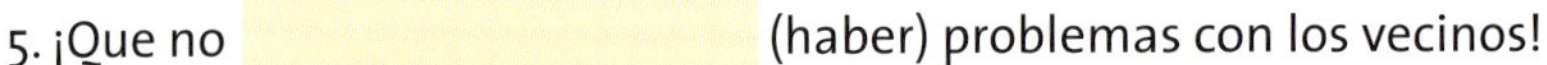

WISSEN

Weitere orthografische Besonderheiten
Um eine einheitliche Aussprache zu gewährleisten, verändern einige Verben ihre Schreibung wie folgt:
- *c* vor *e* wird zu ***qu***,
- *g* vor *e* wird zu ***gu***.

A mi madre le gusta que **toque** el piano.
Está prohibido que **aparques** tu coche aquí.
Es improbable que **lleguemos** a un acuerdo.
Dudo que **pague** la multa (Geldstrafe).

ÜBUNG 5 **Wähle das passende Verb aus dem Wortspeicher aus und vervollständige die Sätze. Bilde die entsprechende Verbform im Presente de subjuntivo.**

terminar - decir - saber - ofrecer - comer - entender - ser

1. El profesor lo explica otra vez para que cada alumno lo ______.
2. Busco un hotel que ______ una piscina y una sauna.
3. En caso de que ______ (él) a tiempo, salimos por la noche.
4. Después de que ______ (tú) el postre, vamos de compras.
5. Busco trabajo – siempre que ______ legal.
6. No me gusta que me ______ (ellos) lo que tengo que hacer.
7. Sólo necesitamos personas que ______ bailar.

WISSEN

Wenn **Haupt- und Nebensatz das gleiche Subjekt** haben, steht im Nebensatz statt *que* + Subjuntivo ein **Infinitiv.**

Proponen **quedarse** en casa.
Andrés prefiere **ir** en tren.
Es mejor **trabajar** con alegría.

ÜBUNG 6 **Der Trainer einer Fußballmannschaft spricht zu seinen Spielern in der *vosotros*-Form. Setze *que* + Subjuntivo oder den Infinitiv ein.**

1. Es necesario __________ (entrenarse) cada dos días.
2. Es útil __________ (llevar) botas de fútbol.
3. Importa mucho __________ (entregar) la pelota.
4. Espero __________ (jugar) limpio.
5. Os recomiendo __________ (hacer) pesas *(Krafttraining)*.
6. Quiero __________ (defender) la zona del portero *(Torwart)*.
7. Está permitido __________ (comunicar) en el terreno *(Spielfeld)*.
8. Es lógico __________ (acostaros) temprano antes de un partido.
9. Claro que queréis __________ (ganar) la liga.

ÜBUNG 7 **Eine Organisation setzt sich für die Rechte der Straßenkinder *(los niños callejeros)* ein. Höre dir Track 5 auf der CD an und formuliere Sätze im Subjuntivo.**

1. Es importante que __________.
2. Es una suerte que __________.
3. Es malo que __________.
4. Es una pena que __________.
5. Es triste que __________.
6. Es necesario que __________.
7. Es increíble que __________.
8. Es mejor que __________.

ÜBEN

3.2 Subjuntivo und Indikativ
(subjuntivo e indicativo)

Im ersten Abschnitt wurde dargestellt, wann der Subjuntivo auf jeden Fall ausgelöst wird. Es gibt jedoch auch *que*-Sätze, bei denen **der Sprecher selbst entscheidet**, ob er Indikativ oder Subjuntivo gebraucht. Ausschlaggebend dabei ist seine **Absicht.**	
Der **Indikativ** wird verwendet, um auszudrücken, dass etwas **wahrscheinlich** ist oder der Sprecher sich einer Sache **sicher** ist. Der Nebensatz wird bejaht. Auslöser für den Indikativ sind z. B.: ***saber, estar seguro, es seguro, está claro, es verdad, no dudar, creer, pensar, darse cuenta de, afirmar, asegurar, explicar, comentar, parecer, oír, ver, contar con, imaginar(se), sospechar, suponer ... + que***	Está claro que **ganan** el partido. No dudo que **habla** muy bien español. Parece que Marta **viene.** Pienso que **aceptaré** la oferta. Cuento con que me **ofrecen** el trabajo.
Ist sich der Sprecher dagegen nicht sicher, **zweifelt oder verneint** er eine Aussage, so ist der **Subjuntivo** erforderlich. Auch hier löst ein Verb im Hauptsatz den Modus im Nebensatz aus.	No está claro que **ganen** el partido. Dudo que **hable** muy bien español. No parece que Marta **venga.** No pienso que **acepte** la oferta. No cuento con que me **ofrezcan** el trabajo.
Nach den Adverbien ***acaso, tal vez*** und ***quizá(s)*** folgt häufig der **Subjuntivo.** Es kann aber auch der Indikativ stehen. Je nachdem, wie sich der Sprecher entscheidet, hält er die Information für wahrscheinlicher **(Indikativ)** bzw. unwahrscheinlicher **(Subjuntivo).**	Acaso lo **sabe.** (Es ist sehr wahrscheinlich, dass er es weiß.) – Acaso lo **sepa.** (Es ist eher unwahrscheinlich, dass er es weiß.) Tal vez / Quizá(s) **viene** hoy. (Es ist sehr wahrscheinlich, dass sie heute kommt.) – Tal vez / Quizá(s) **venga** hoy. (Es ist eher unwahrscheinlich, dass sie heute kommt.)

WISSEN

In **Temporal- und Konzessivsätzen** können ebenfalls beide Modi vorkommen:

***Cuando* mit Indikativ** signalisiert, dass über eine (bekannte und regelmäßig wiederkehrende) Tatsache berichtet wird. In Kombination **mit dem Subjuntivo** wird ein Wunsch oder Plan für die Zukunft geäußert. Im Hauptsatz steht dann eine Form des Futurs (Futuro simple oder *ir a* + Infinitiv).	**Cuando llego** a casa, bajo el perro. (Immer wenn ich nach Hause komme, gehe ich mit dem Hund Gassi.) **Cuando llegue** a casa, bajaré / voy a bajar el perro. (Sobald ich nach Hause komme, werde ich mit dem Hund Gassi gehen.)
Mientras* mit Indikativ** drückt etwas Bekanntes aus, das tatsächlich geschieht. Geht es darum, von einer möglichen zukünftigen Idee zu berichten, muss der **Subjuntivo** verwendet werden. Ebenso verhält es sich mit den Konjunktionen ***hasta que, después de que, tan pronto como, cada vez que und ***en cuanto.***	**Mientras limpias** la casa, trabajo en el jardín. (Während du das Haus putzt, arbeite ich im Garten.) **Mientras limpies** la casa, trabajo en el jardín. (Solange du das Haus putzt, arbeite ich im Garten.) **Cada vez que** lo **veo,** me da una punzada en el corazón. (Jedes Mal, wenn ich ihn sehe, versetzt es mir einen Stich ins Herz.) **Cada vez que quieras,** puedes llamarme. (Wann immer du möchtest, kannst du mich anrufen.)
Aunque* mit Indikativ** berichtet über eine neue Information. Dagegen drückt ***aunque* mit Subjuntivo** eine bereits bekannte Information oder Möglichkeit aus. Das Gleiche gilt für ***a pesar de.	**Aunque llueve** voy a salir. (Es regnet und trotzdem gehe ich aus.) **Aunque llueva** voy a salir. (Auch / Selbst wenn es regnet, werde ich ausgehen.) **A pesar de que es** mayor, tiene que ayudar. (Er ist älter und trotzdem muss er mithelfen.) **A pesar de que sea** mayor, tiene que ayudar. (Auch / Selbst wenn er älter ist, muss er mithelfen.)

ÜBUNG 8 **Verbinde die zueinandergehörenden Satzteile.**

1. No dudo que
2. Está claro que
3. No parece que
4. Quizás
5. Me doy cuenta de que

a. el fútbol es un negocio.
b. me faltas mucho.
c. nieve por Navidad.
d. puedes lograrlo.
e. Alejandro vaya a volver.

WISSEN

a lo mejor

Auf ***a lo mejor*** folgt immer der **Indikativ**.

A lo mejor me llaman mañana.

ÜBUNG 9 **Entscheide, welche Form hier richtig ist. Kreise die richtige Antwort ein.**

1. Supongo que usted está / están pasando un tiempo fenomenal.
2. La empresa afirma que no existe / exista ningún motivo de preocupación.
3. A lo mejor hablan / hablen con él primero.
4. No es que no me interesa / interese.
5. La gente no piensa que la reforma política cambia / cambie algo.
6. Es evidente que los países de América Latina son / sean menos ricos.

ÜBUNG 10 **Wähle das richtige Verb für den Hauptsatz aus. Beachte dabei, ob das Verb den Indikativ oder den Subjuntivo im Nebensatz auslösen muss.**

no es seguro – asegurar – está demostrado – no ver – dudar

1. ______ que sólo se trate de una bagatela.
2. (Yo) ______ que vayan a solucionar la pobreza social.
3. ______ que mi hermano te ayuda.
4. ______ que el presidente no es capaz de tomar una decisión.
5. ______ que ganen el concurso.

ÜBEN

ÜBUNG 11 **Temporal- und Konzessivsätze: Indikativ oder Subjuntivo?**

1. Aunque __________ (ser) tarde, te llamaré por teléfono.
2. Mientras más __________ (quejarte), menos te saldrá.
3. Cuando __________ (estar) en EE.UU., me quedo en casa de mis amigos.
4. Mientras Inés __________ (tocar) el piano, su hermano juega en la calle.
5. Cuando __________ (volver), te prepararé la comida.
6. A pesar de que __________ (estar) cansado, tienes que participar en clase.
7. No quiero esperar más tiempo hasta que __________ (vernos).

ÜBUNG 12 **Entscheide, ob hier der Indikativ oder der Subjuntivo stehen muss.**

1. Acaso lo __________ (entender), pero normalmente es muy rigoroso.
2. Los chicos saben que eso no __________ (tener) sentido.
3. Me imagino que el espectáculo __________ (ser) un gran éxito.
4. Tal vez no __________ (cenar) con nosotros porque tiene mucho trabajo.
5. No es una sorpresa que la gente __________ (quejarse).
6. Supongo que se lo __________ (decir / ellos) después.

WISSEN +

Die Struktur **Subjuntivo +** ***lo que*** **+ Subjuntivo** entspricht dem deutschen *Was auch immer …*

Sea lo que sea. (Wie dem auch sei.)
Pase lo que pase. (Komme, was wolle.)
Diga lo que diga … (Egal, was er sagt …)

ÜBUNG 13 **Übersetze und schreibe die Sätze in dein Übungsheft.**

1. Auch wenn du keine Lust hast, bitte ich dich, mir zu helfen.
2. Mach doch, was du willst.
3. Es ist unwahrscheinlich, dass wir noch Karten bekommen.
4. Jedes Mal, wenn wir über dieses Thema reden, geht es mir schlecht.
5. Ich werde mein Bestes geben – komme, was wolle.

3.3 Der Imperativ (el imperativo)

Regelmäßige Bildung

Die 2. Person Singular und Plural des **Imperativs** haben eine eigene Form: Die *tú*-**Form** entspricht der 3. Person Singular Präsens, die ***vosotros*-Form** wird dagegen durch das Anhängen von ***-ad, -ed*** oder ***-id*** an den Verbstamm gebildet. **Alle anderen Formen** und der **verneinte** Imperativ werden mit den Formen des **Subjuntivo** gebildet.

Charo **estudia** economía en Madrid.
El padre: ¡**Estudia** más, hijo!
Mi abuela siempre **come** a mediodía.
La madre: ¡**Come** más despacio!
Victoria **escribe** poemas.
El profe: ¡**Escribe** con letra clara!

Los profes: ¡**Estudiad** más, chicos!
El médico: ¡**Comed** menos!
Los abuelos: ¡**Escribid** más, nietos!

■ ***-ar: estudiar***
(tú) estudia / no estudies
(Ud.) (no) estudie
(nosotros / -as) (no) estudiemos
(vosotros / -as) estudiad / no estudiéis
(Uds.) (no) estudien

¡**No** te **preocupes!**
¡**Pase** por aquí!
¡**No aparquemos** en este hueco!
¡**Preparad** la cena!
¡**No dejen** pasar esa oportunidad!

■ ***-er: comer***
(tú) come / no comas
(Ud.) (no) coma
(nosotros / -as) (no) comamos
(vosotros / -as) comed / no comáis
(Uds.) (no) coman

¡**No comas** todo!
¡**Lea** el libro!
¡**Bebamos** una copa!
¡**Aprendedlo** de memoria!
¡**No prometan** demasiado!

■ ***-ir: escribir***
(tú) escribe / no escribas
(Ud.) (no) escriba
(nosotros / -as) (no) escribamos
(vosotros / -as) escribid / no escribáis
(Uds.) (no) escriban

¡**Decídelo** tú!
¡**Viva** la vida!
¡**Resumamos** el contenido del poema!
¡**Subid** a la primera planta!
¡**No abran** la puerta, por favor!

Stammvokaländerungen

Verben, die im Präsens **Stammvokaländerungen** aufweisen, übernehmen diese auch in den Imperativ.

¡Ac**ué**state más temprano!
¡P**i**da lo que quiera!
¡No emp**ie**cen sin mí!

WISSEN

Sonderformen

Folgende Verben haben eine eigene Form in der *tú*-Form. Alle anderen Personen werden nach den beschriebenen Regeln gebildet. ***decir → di*** ***salir → sal*** ***hacer → haz*** ***poner → pon*** ***ir → ve*** ***tener → ten*** ***ser → sé*** ***venir → ven***	¡**Díselo** tú! ¡**Haz** lo que quieras! **¡Vete!** ¡**Sé** más amable! ¡**Sal** a la calle! ¡**Pon** la mesa! ¡**Ten** cuidado! ¡**Ven** por aquí!	¡**Dígaselo** usted! ¡**Hagan** lo que quieran! **¡Váyanse!** ¡**Sea** más amable! ¡**Salgamos** a la calle! ¡**Pongan** la mesa! ¡**Tenga** cuidado! ¡**Vengan** por aquí!

Gebrauch

Der **Imperativ** drückt **Befehle und Anordnungen** aus. Um den Befehl ein wenig abzuschwächen, fügt man häufig ***por favor*** hinzu.	¡**Abre** la puerta! ¡**No veáis** la tele todo el día! ¡**Hable** más despacio, **por favor**!
Wenn man jemandem einen **Ratschlag** geben möchte, kann man das mit dem Imperativ ausdrücken.	**Deja** de fumar. **Háganlo** así.
Der Imperativ wird auch in **Gebrauchsanweisungen und Rezepten** verwendet.	Primero **monte** las patas de la mesa. **Pela** las manzanas y **córtalas** en trozos.
Merke: **Reflexiv- und Objektpronomen** werden im bejahten Imperativ direkt an das Verb angehängt. Hierbei muss man darauf achten, ob ein Akzent gesetzt werden muss. Im verneinten Imperativ werden die Pronomen grundsätzlich vorangestellt.	¡Levánta**te**! **¡No te levantes!** ¡Comprad**lo**! **¡No lo compréis!** ¡Dé**selo**! **¡No se lo dé!**
In der **indirekten Rede** wird der **Imperativ** mit dem Subjuntivo wiedergegeben.	¡Escucha! – **Dice que escuches.** ¡No fume, por favor! – **Le ruega que no fume.**

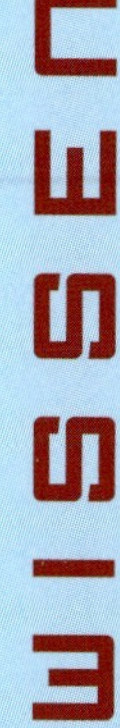

ÜBUNG 14 **Ergänze die entsprechenden Verbformen im Imperativ.**

		tú	Uds.
1.	tener		
2.	escribir		
3.	ser		
4.	hacer		
5.	dar		

ÜBUNG 15 **Höre dir Track 6 auf der CD an und verneine die Befehle.**

6

1. No	2. No
3. No	4. No
5. No	6. No
7. No	8. No
9. No	10. No

ÜBUNG 16 **Der Klassenlehrer stellt zusammen mit seinen Schülern Regeln zum Verhalten im Klassenzimmer auf. Betrachte die Bilder und formuliere, was nicht gestattet ist. Verwende den negativen Imperativ in der *nosotros*-Form.**

1.

2.

3.

4.

ÜBUNG 17 Gib folgende Befehle in der indirekten Rede wieder. Wähle eine passende Einleitung aus dem Wortspeicher aus.

Dice que - Recomienda que - Prefiere que - Prohibe que - Insiste que - Desea que

1. ¡No vayas sola!
2. ¡Tened que visitarme!
3. ¡Hazlo primero!
4. ¡No veáis la tele todo el día!
5. ¡Llévate un paraguas!
6. ¡Ponte la camisa roja!

ÜBUNG 18 Widersprich den Aufforderungen, indem du sie bejahst oder verneinst. Achte dabei auf die Akzente.

1. ¡No me lo diga!
2. ¡No os acostéis!
3. ¡No lo pidas!
4. ¡Tráemelo!
5. ¡Hazlo!
6. ¡No te la pongas!
7. ¡No te vayas!
8. ¡Convenzámosle!
9. ¡Callaos!
10. ¡Pregúnteselo!

ÜBUNG 19 Höre dir Track 7 auf der CD an und entscheide, welcher der Ratschläge am treffendsten zur beschriebenen Situation passt. Notiere die richtige Zahl in dem Kästchen vor der Antwort.

- ¡No habléis tan rápido!
- ¡Llamen a la policía!
- ¡Váyase en bicicleta!
- ¡Compraos un guía!
- ¡Búsquese amigos!
- ¡No bebáis alcohol!
- ¡Disfrutad de la comida!
- ¡No la molestes!

ÜBEN

Klassenarbeit 1

AUFGABE 1 **Bilde den Imperativ der Verben in der vorgegebenen Person.**

1. hablas
2. vamos
3. dicen
4. da
5. no hacéis
6. son
7. pones
8. sales

AUFGABE 2 **Forme die Sätze in das Gegenteil um und verwende dabei den Subjuntivo.**

1. Es verdad que todos los argentinos bailan el tango.

   No es verdad que ________ .

2. Está demostrado que a todos los latinoamericanos les encantan las telenovelas.

   No está demostrado que ________ .

3. Es obvio que los cubanos fuman todos los días habanos.

   No es obvio que ________ .

4. Es seguro que todos los latinoamericanos quieren inmigrar en EE.UU.

   No es seguro que ________ .

5. Es evidente que en México se toma tequila con cada comida.

   No es evidente que ________ .

AUFGABE 3 **Übersetze und schreibe die Sätze in dein Übungsheft**

1. Ich glaube nicht, dass das eine gute Idee ist.
2. Wie dem auch sei – ich will, dass du mich danach anrufst.
3. Es lebe Spanien!
4. Ich habe es satt, dass sie mir ständig das Gleiche erzählen.
5. Es könnte sein, dass mein Bruder morgen kommt.
6. Was auch immer mein Vater sagt, ich werde zu der Party gehen.

Klassenarbeit 2

45 Minuten

AUFGABE 4 **Indikativ oder Subjuntivo? Ordne die Verben aus dem Wortspeicher in die richtige Spalte der Tabelle ein.**

esté – oiga – saben – tienen – hagas – lleven – visitemos – andáis – vayáis – hay – hayas – promete – prohiba – durmamos – podéis

Presente de indicativo	Presente de subjuntivo

AUFGABE 5 **Formuliere das Gazpacho-Rezept für eine Kochzeitschrift. Verwende dabei die *usted*-Form des Imperativs und schreibe alles in dein Übungsheft.**

poner en remojo el pan – pelar y trocear los tomates, el pepino y la cebolla – mezclar la verdura – añadir el pan – condimentar la masa con aceite, vinagre y sal – pasar la masa – quitar la piel de los pimientos y cortarlos – añadir el agua – introducirlo en la nevera – servirlo con una guarnición de pepino y pimiento cortado

Gazpacho
6 tomates grandes
2 pimientos verdes
1 pimiento rojo
1 pepino
1 cebolla
pan del día anterior

AUFGABE 6 **Entscheide, ob das Verb im Hauptsatz Indikativ oder Subjuntivo auslöst, und streiche die falsche Antwort durch.**

1. Pienso / No pienso que Costa Rica tiene unas playas maravillosas.
2. Cree / No cree que los autobúses en El Salvador sean muy cómodos.
3. Es / No es verdad que Costa Rica es el país más rico de América Central.
4. Me parece / No me parece que allí les paguen un sueldo adecuado.
5. Dudo / No dudo que exista el comercio justo.

TESTEN

AUFGABE 7 **Wähle das passende Verb aus dem Wortspeicher aus und vervollständige die Sätze. Bilde die entsprechende Verbform im Presente de subjuntivo.**

tener – apagar – comenzar – construir – cometer – convencer

1. Es una tontería que ______ (ellos) otro aparcamiento en la ciudad.
2. Es obligatorio que ______ (nosotros) el fuego después de la barbacoa.
3. El gobierno se preocupa que ______ (ellos) los mismos errores.
4. No piensa que le ______ (vosotras) a dejar de fumar.
5. Es una locura que ______ a vender las dulces de Navidad en octubre.
6. Dudo que esto ______ sentido.

AUFGABE 8 **Formuliere einen Befehl aus den vorgegebenen Wörtern und ersetze die Objekte durch ein Pronomen. Achte dabei auf die Akzente.**

1. prestar / Ud. / el libro / a Mario: ______
2. comprar / Uds. / los zapatos: ______
3. vender / Uds. / la casa / a la familia: ______
4. traer / Ud. / el postre: ______
5. mostrar / Ud. / el coche nuevo / al cliente: ______

AUFGABE 9 **Indikativ, Infinitiv oder Subjuntivo? Setze die richtige Form ein.**

1. Es importante ______ (combatir) el narcotráfico.
2. ¡Ojalá ______ (haber) menos guerras de pandillas en América Central!
3. Cuando no ______ (lograr) suprimir la corrupción en Venezuela, la situación no mejorará. Pienso que la gente ______ (necesitar) ayuda.
4. A pesar de que la policía ______ (proteger) a la gente, no siempre se puede confiar en ella. Es una pena que ______ (ser) muy corrupta.
5. Tenemos que apoyar a los países pobres para que las familias ______ (poder) mantener la vida. Me imagino que esto ______ (ser) importante.

Die Objekt-pronomen

4.1 Die direkten Objektpronomen
(los pronombres de complemento directo)

Das **direkte Objekt** wird im Deutschen auch als **Akkusativobjekt** bezeichnet. Man erfragt es mit „Wen oder was?“.	
Die **Formen der direkten Objektpronomen** entsprechen – bis auf die 3. Person Singular und Plural – denen des Reflexivpronomens. Singular *me* (mich) *te* (dich) *lo / la* (ihn / es / sie / Sie) Plural *nos* (uns) *os* (euch) *los / las* (sie / Sie)	Carlos **me** ha llamado. ¿Dónde estás? No **te** veo. Sergio **lo** compra. (el móvil) Emilia **nos** conoce. **Os** llamo mañana. ¿Ves a las chicas? – Sí, **las** veo.
Die **Stellung der Objektpronomen** ist stets unmittelbar vor dem Verb. Sie können an den **Infinitiv** und das **Gerundio** angehängt werden.	Pedro **me** visitará la semana que viene. No **me** ha visitado desde hace meses. Vamos a **llamarla.** / **La** vamos a llamar. Siguen **buscándola.** / **La** siguen buscando.
Beim bejahten **Imperativ** müssen die unbetonten Objektpronomen an das Verb angehängt werden, während sie beim verneinten Imperativ vor dem Verb stehen. Vergleiche dazu auch ↑ Kap. 3.3 zum Imperativ.	¡Llháma**me** pronto! ¡No **me** llames nunca más!
Zur **Verstärkung oder Unterscheidung** werden oft zusätzlich zu den oben aufgeführten Pronomen **betonte Objektpronomen** verwendet. Diese werden meist durch *a* eingeleitet und sind auch nach anderen **Präpositionen** obligatorisch.	¿**A vosotros** os ha escrito? Me ha traído el regalo **a mí,** y no **a ti.** ¿Los Múñoz? **A él** no lo conozco, pero **a ella** sí. Lo ha hecho **para mí.** Puedes contar **con nosotros.**

ÜBUNG 1 **Kreise in jedem Satz das direkte Objekt ein.**

1. Pascual ha regalado un libro a su hermana.
2. Nos comimos toda la tarta.
3. ¿Ves a los chicos?
4. Están buscando al ladrón.

ÜBUNG 2 **Ordne die direkten Objektpronomen dem passenden direkten Objekt zu.**

1. las
2. lo
3. los
4. te
5. os

a. a ti
b. a Maite y Ángela
c. a vosotros
d. a Enrique y Luis
e. a Jorge

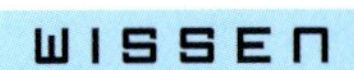

Das neutrale *lo*
Das neutrale *lo* bezieht sich entweder auf Neutra (***esto / eso / todo*** usw.) oder auf einen ganzen Satz ***(Ya me he decidido).*** Außerdem steht *lo* in einigen Ausdrücken als unbestimmte Angabe einer Zeitdauer.

¿Qué significa eso? – No **lo** sé.
Ya me he decidido, pero mis padres todavía no **lo** saben.
Nos **lo** hemos pasado muy bien.
(Wir hatten eine schöne Zeit.)

ÜBUNG 3 **Ersetze die rot gedruckten Passagen der Fragen durch direkte Objektpronomen und formuliere die zugehörigen Antwortsätze.**

1. ¿Comprendes esto? = ¿ ______________________ ?
   – No, no ______________________ . ¿Podrías explicarlo otra vez?
2. ¿Conocéis a estas chicas? = ¿ ______________________ ?
   – Sí, ______________________ . Son las primas de Mercedes.
3. ¿Estás llamando a Laura? = ¿ ______________________ ?
   – No, no ______________________ . Estoy llamando a mi madre.
4. ¿Papá y mamá ya saben que no vendrás para navidad? = ¿ ______________________
   ______________________ ? – No, aún no ______________________ .

ÜBUNG 4 **Setze die fehlenden direkten Objektpronomen in die Lücken ein.**

1. El museo de bellas artes es muy famoso. ¿ ______ conoces?
2. ¿Dónde está Beatriz? No ______ veo.
3. Las chicas están escuchando música. ¿ ______ oyes?
4. ¿Invito a Rodrigo a la fiesta? – Sí, invíta ______ .
5. María aún no sabe que está invitada. Ahora ______ llamo.

WISSEN

conmigo, contigo
Werden die Objektpronomen ***mí*** und ***ti*** zusammen mit der Präposition ***con*** verwendet, so verschmelzen sie zu ***conmigo*** (mit mir) und ***contigo*** (mit dir).

Ven **conmigo.**
¿Quieres bailar **conmigo**?
Emilio va **contigo.**
¿Puedo hablar **contigo**?

ÜBUNG 5 **Übersetze die folgenden Sätze.**

1. Wo ist das Auto? Ich kann es nicht sehen.
2. Ich rufe euch morgen an.

3. Sie besuchen ihn gerade.
4. Kauf ihn (den Comic) mir bitte!
5. Sie haben dich nicht eingeladen? Möchtest du mit mir mitkommen?
6. Warum trägst du deine Brille nicht immer bei dir?

4.2 Die indirekten Objektpronomen
(los pronombres de complemento indirecto)

Das **indirekte Objekt** wird im Deutschen auch als **Dativobjekt** bezeichnet. Man erfragt es mit „Wem?“.	
Auch die **Formen der indirekten Objektpronomen** entsprechen in der 1. und 2. Person denen des Reflexivpronomens und des direkten Objektpronomens. Singular *me* (mir) *te* (dir) *le* (ihm / ihr / Ihr) Plural *nos* (uns) *os* (euch) *les* (ihnen / Ihnen)	**Me** dice la verdad. **Te** mando un e-mail. **Le** das la mano. **Nos** escribieron. **Os** pregunto. **Les** perdona.
Lediglich die **3. Person** besitzt eigene Formen, die jeweils für männliche und weibliche Objekte sowie für die Höflichkeitsform verwendet werden.	**Le** escribo. (Ich schreibe ihr / ihm / Ihnen.) **Les** doy la razón. (Ich gebe ihnen / Ihnen Recht.)
Es gelten die gleichen **Stellungs- und Verwendungsregeln** wie beim direkten Objektpronomen (↑ Kap. 4.1).	Quieren **escribirle. / Le** quieren escribir. ¡**Pregúntaselo** a tu padre! No te he preguntado **a ti,** sino a María.
In einigen Regionen Spaniens wird besonders in der Höflichkeitsform *le* statt *lo* verwendet *(leísmo).*	Adiós, Señor Castañeda, **le** veo el viernes. (statt: **lo** veo el viernes) Ahí viene César. ¿No **le** ves? (statt: ¿No **lo** ves?)
Das indirekte Objektpronomen kann im Spanischen ausdrücken, wem etwas gefällt. Hierzu werden im Sprechalltag häufig die Verben *gustar, encantar* und *parecer* verwendet.	¿**Te gusta** la comida méxicana? – Sí, **me encanta.** A Raúl **le encanta** la ópera, pero a mí **me parece** muy aburrida.

ÜBUNG 6 Verbinde die Personalpronomen mit den dazugehörigen indirekten Objektpronomen.

1. tú	a. les
2. vosotros / vosotras	b. nos
3. nosotros / nosotras	c. le
4. él / ella / usted	d. te
5. yo	e. me
6. ellos / ellas / ustedes	f. os

WISSEN

Die Verdopplung des indirekten Objekts
Ein indirektes Objekt muss – unabhängig von der Satzstellung – immer durch das dazugehörige **indirekte Objektpronomen** wiederholt werden.

A Lorenzo **le** encanta el gazpacho.
A nosotros **nos** gusta mucho leer.
Leticia **le** escribe un e-mail a Paco.
Mario **le** cuenta un secreto a Diego.

ÜBUNG 7 Vervollständige die Fragen mit dem indirekten Objektpronomen und einer Form von *gustar*.

1. ¿A Gloria ______ los actores americanos?
2. ¿A vosotras ______ la música de Juanes?
3. ¿A ti ______ ir al teatro?
4. ¿A tus padres ______ la isla de Cuba?
5. ¿A los chilenos ______ la comida picante?
6. ¿A Jimena y Soledad ______ viajar en invierno?
7. ¿A ti ______ dormir?
8. ¿A Roberto ______ el Atlético de Madrid?

ÜBUNG 8 **Kreise die richtige Form ein.**

1. ¿La noticia le / la viste por la televisión?
2. Les / Los dije que estuvieran atentos.
3. A Maribel la / le gusta el café.
4. ¿Qué le / lo vas a pedir al camarero?
5. Señora, creo que le / la he cobrado demasiado.
6. Los / Les he dicho a los alumnos que estén atentos.
7. Tengo que preguntarle / preguntarla una cosa.
8. Marta, ¿me / te puedes ayudar con el ejercicio? No sé qué hacer.

ÜBUNG 9 **Ergänze die Antworten und ersetze dabei das indirekte Objekt der Fragen durch ein Pronomen.**

1. ¿Dijiste la verdad a tu novia? – Sí, ______________________.
2. ¿Compraste el libro a Rafael? – No, aún no ______________________.
3. ¿Te pidió perdón Cristián? – Sí, ayer lo vi y ______________________.
4. ¿Todavía no habéis dado la carta a vuestro padre? – No, aún no ______________________ la carta.
5. ¿Qué te parece el novio de Leticia? – Pues a mí ______________________ simpático.

ÜBUNG 10 ***Martin en Arica*. Übersetze Martins Brief an seinen Brieffreund Esteban und verwende dafür möglichst viele indirekte Objektpronomen.**

Hallo Esteban,

Arica, 4. April

gestern war ich im Zentrum. In einem Café bestellte ich beim Kellner etwas zu essen. Aber dann brachte er mir etwas anderes und ich musste ihm sagen, dass ich das nicht bestellt hatte – auf Spanisch! Dann brachte er mir endlich die empanada de queso. Das Essen war sehr gut, doch als er mir die Rechnung (la cuenta) gab, hatte er mir zu viel berechnet (cobrar). Also (entonces) musste ich ihm schon wieder sagen, dass ich nicht einverstanden war. Trotz allem gefällt mir Arica sehr gut. In meinem nächsten Brief erzähle ich Dir mehr.

Viele Grüße Martin

4.3 Sätze mit mehreren Objektpronomen
(oraciones con varios pronombres de complemento)

Gebrauch und Formen

Die Verwendung der Objektpronomen im Spanischen **weicht** von ihrem Gebrauch im Deutschen **nur bei ganz wenigen Verben ab:** ***preguntar a alguien*** (indirekte Ergänzung) ***ayudar a alguien*** (direkte Ergänzung)	**Le / Les** pregunto. (Ich frage ihn / sie / Sie.) → im Deutschen: „Wen oder was?" **La / Lo** ayudamos. (Wir helfen ihr / ihm.) → im Deutschen: „Wem?"
Stehen **zwei Objektpronomen** der dritten Person in einem Satz, wird das **indirekte Objektpronomen** ***le / les*** zu ***se.***	Le doy la comida (a él / a ella / a usted). → **Se** la doy. Les regalo flores (a ellas / ellos / a ustedes). → **Se** las regalo.

Stellungsregeln

Treffen zwei Objektpronomen aufeinander, so steht im Spanischen – anders als im Deutschen – immer das **indirekte Objektpronomen vor dem direkten Objektpronomen.** Das Pronomen der Person steht immer vor dem Pronomen der Sache.	¿Me llevo el coche? – Sí, **te lo** puedes llevar. Le muestro el pasaporte. → **Se lo** muestro. Les digo la verdad. → **Se la** digo.
Es gelten dieselben Regeln wie für die Stellung nur eines Objektpronomens: ■ Beide Objektpronomen stehen **vor dem Verb.** ■ Man hängt sie an den bejahten Imperativ an. ■ Bei Infinitivkonstruktionen und in der Verlaufsform können sie vor dem Verb stehen oder angehängt werden. *Merke:* Dies bewirkt meist eine veränderte Betonung. Dabei muss man auf die Akzentsetzung achten.	 **Me lo** da. (el consejo) ¡Compra**sela**! (la pelota) Van a decír**selo.** / **Se lo** van a decir. **Se lo** están explicando. / Están explicándo**selo.**

ÜBUNG 11 **Höre dir Track 8 auf der CD an und kreuze an, ob die Reihenfolge und Position der Objektpronomen in den abgedruckten Sätzen richtig oder falsch ist. Schreibe die korrigierten Sätze anschließend in dein Übungsheft.**

8

	correcto	incorrecto
1. Vale, voy te los a comprar mañana.	☐	☐
2. Carlota aún no ha dicho se lo.	☐	☐
3. Todavía no me las has presentado.	☐	☐
4. El señor Herrera las dará nos la semana que viene.	☐	☐
5. Espera, quiero contar lo te.	☐	☐
6. Un momento, paso ahora te lo.	☐	☐
7. Se lo pasaron fenomenal en Canarias.	☐	☐
8. Los tienes que pedir se.	☐	☐
9. Los os hemos enviado por correo.	☐	☐
10. Estoy llamándola.	☐	☐

ÜBUNG 12 **Bilde Fragen oder Aufforderungen aus den vorgegebenen Bausteinen und formuliere die passenden Antworten. Verwende immer Pronomen anstelle der Objekte.**

1. querer (vosotros) – comprar – un coche nuevo

   ¿ ____________________ ? –

   Sí, nos ____________________ .

2. decir (tú) – la verdad – a tu amigo Jesús

   ¿ ____________________ ? – No, ____________________ .

3. dar (ellos) – el regalo – a sus padres?

   ¿ ____________________ ? – Sí, ya ____________________ .

4. comprar (tú) – el videojuego – a mí

   ¡ ____________________ ! – No, ____________________ .

5. poder (vosotros) – llevar – la comida – a la abuela

   ¿ ____________________ ? – Sí, ____________________ .

ÜBUNG 13 **Höre dir Track 9 auf der CD an und notiere die Antworten auf die Fragen.**

9

1.
¿Quieres enseñarnos tu nuevo ordenador?
Sí, claro,
2.
¿También te comprarás el monitor de pantalla plana (Flachbildschirm)?
.
No tengo suficiente dinero.
3.
¿Ya se lo has dicho a tus padres?
4.
Entonces, ¿te van a dar el dinero para el monitor?
.
También lo necesito para los estudios.

ÜBUNG 14 ***Merienda en el parque:* Übersetze die folgenden Sätze und schreibe sie in dein Übungsheft.**

Rocío: Bereitest du den Korb *(la cesta)* vor, Sergio?
Sergio: Ja, ich bereite ihn gleich vor.
Rocío: Hast du das Obst?
Sergio: Ja, ich habe es bereits in den Korb getan.
Wo sind die Getränke? Wir müssen sie suchen.
Rocío: Ich gehe sie suchen. Aber das Brot ... Kannst du mir helfen?
Sergio: Warte, ich glaube Ana hat es mit zur Schule genommen. Wahrscheinlich isst sie es jetzt gerade ...

Klassenarbeit 1

AUFGABE 1 **Trage die fehlenden Pronomen in die Tabelle ein.**

	Person	direkte Objektpronomen	indirekte Objektpronomen
Singular	1. Person	me	
	2. Person		
	3. Person maskulin		
	3. Person feminin		le
Plural	1. Person		
	2. Person		os
	3. Person maskulin		
	3. Person feminin	las	

AUFGABE 2 **Sortiere die Wörter und schreibe die Sätze in dein Übungsheft.**

1. se / contar / no / lo / quieren

2. explicar / nos / María / puede / lo

3. lo / pedir / más tarde / se / podemos

4. imaginar / no / puedo / me / lo

AUFGABE 3 **Kreise in jedem Satz das Objekt ein. Danach schreibe dazu, ob es sich um ein direktes oder indirektes Objekt handelt.**

1. Pascual contesta a Sofía.
2. Vemos a mi madre.
3. Llamas a Marta.
4. Ayudamos a los Tejero.

AUFGABE 4 **Bilde den Imperativ der 2. Person und verwende möglichst viele Pronomen. Tipp: Achte auf die Akzentsetzung.**

1. darme una respuesta
2. pedir un favor a Germán
3. decirme si estáis de acuerdo
4. llamar a los amigos mañana
5. ayudar a Marta

AUFGABE 5 **Ersetze die unterstrichenen Satzteile durch ein Objektpronomen.**

1. He enviado un mensaje a tu amigo.
2. He enviado un mensaje a tu amiga.
3. Compra un helado a tu hijo.
4. Compra un helado a tu hija.
5. Saluda a tu hermano de mi parte.
6. Saluda a tu hermana de mi parte.

AUFGABE 6 **Korrigiere und ersetze die Elemente, die sich wiederholen, durch ein Objektpronomen.**

1. Prometí a Carmela mandar a Carmela una postal desde Yucatán. Pedí perdón a Carmela porque se me olvidó.
2. He visto a Miguel esta tarde y he dicho a Miguel que Sandra había enviado una carta para Miguel.
3. Anoche vi a Serena y dije a Serena que querías dar a Serena una cosa.

TESTEN

Klassenarbeit 2

AUFGABE 7 **Verbinde die Personalpronomen mit ihren dazugehörigen direkten Objektpronomen.**

1. Vosotros / vosotras	a. los / las
2. tú	b. nos
3. nosotros / nosotras	c. lo / la
4. yo	d. te
5. él / ella / usted	e. me
6. ellos / ellas / ustedes	f. os

AUFGABE 8 ***¿conmigo o contigo?* Welche Form fehlt? Entscheide.**

1. ¿Con quién queréis pasar el día? Pablo va a ir a la playa y yo quiero visitar el Museo Dalí. – Pues vamos ____________, Tere. Nos encanta el arte de Dalí.
2. Perdón, ¿en qué dirección está la Puerta del Sol? – Pues puede venir ____________. Yo también voy a la Puerta del Sol.

AUFGABE 9 **Unterstreiche die Objektpronomen in der linken Spalte und verbinde sie mit ihrem Bezugswort auf der rechten Seite.**

Lo vi en la tele.	a vosotros
Los cambió de sitio.	a mí
Le gusta la música clásica.	el reportaje
Me encanta ir a la playa.	a tu esposa
Las olvidé en casa.	a Guillermo
Ya lo saben.	las llaves
¿Os parece bien?	los muebles
Déjala tranquila.	que he suspendido el examen

AUFGABE 10 **Ersetze die unterstrichenen Elemente der Aufforderungen durch ein direktes Objektpronomen. Beachte die Akzentsetzung.**

1. Compra un sello.
2. Enviad la carta.
3. Llamad a Paco.
4. Toma las llaves.
5. Buscad el libro.
6. Vende la moto.
7. Pida los documentos.

AUFGABE 11 **Ersetze die sich wiederholenden Elemente durch ein Objektpronomen.**

1. Voy a comprar un ordenador y voy a poner el ordenador en mi habitación.
2. Pele los tomates y trocee *(in Stücke schneiden)* los tomates.
3. Escribió una carta y enseguida llevó la carta a Correos.
4. Recoje los platos y lleva los platos a la cocina.

AUFGABE 12 **Übersetze die folgenden Sätze und schreibe sie in dein Übungsheft.**

1. Kann ich dich etwas fragen?
2. Kaufen Sie sie. (die Zeitung)
3. Er hat mich gefragt, ob du es weißt.
4. Hilf uns oder lass uns in Ruhe!
5. Ich liebe Popmusik.

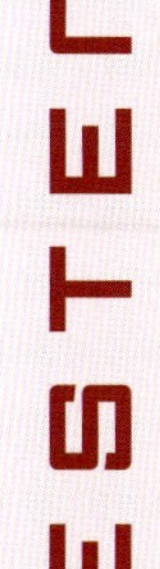

5 Die Präpositionen

5.1 *por* und *para*

Präpositionen setzen Personen und Dinge in Verhältnis zueinander. Daher nennt man sie auf Deutsch auch **Verhältniswörter.**	
Präpositionen stellen eine **lokale** (örtliche), **temporale** (zeitliche) oder **modale** (die Art und Weise betreffende) Beziehung zwischen Wörtern her.	Voy **a** la farmacia. (lokal) Nos vemos **en** octubre. (temporal) Los chicos van **en** bicicleta. (modal)
Die **richtige Verwendung** der Präpositionen ***por*** und ***para*** stellt eine besondere Herausforderung dar, weil sogar Muttersprachler Schwierigkeiten damit haben.	

Lokale Beziehungen

■ *para* bezeichnet die **Bewegungsrichtung,** während sich *por* auf den **Weg** bezieht.	Tomad el autobús **para** Santa Rosa que va **por** la autopista. (Nehmt den Bus nach Santa Rosa, der über die Autobahn fährt.)
■ *por* wird verwendet, wenn ein **Ort durchquert** wird.	Pasé **por** Luján. (Ich fuhr durch / über Luján.)
■ *por* bezeichnet **ungenauere** Ortsangaben.	Vive en una calle **por** el centro. (Er wohnt irgendwo im Zentrum.) ¿Hay un hotel **por** aquí? (Gibt es hier irgendwo ein Hotel?)

Temporale Beziehungen

■ *para* stellt einen zeitlichen **Bezug zur Zukunft** her.	Hemos quedado **para** el lunes. (Wir haben uns für kommenden Montag verabredet.)
■ *por* wird benutzt, um eine **ungenaue Zeitangabe** zu machen, oder bezeichnet einen **Zeitraum.**	**Por** la mañana / tarde voy a comprar. (Ich gehe morgens / nachmittags einkaufen.) Nos vemos **por** Semana Santa. (Wir sehen uns an Ostern.)

Weitere Verwendungen

para wird gebraucht:	
■ um den **Zweck** / eine **Bestimmung** auszudrücken. Meist steht *para* vor einem **Infinitiv** im Finalsatz;	Es **para** mí. (Es ist für mich.) Compra algo ***para*** beber. (Kaufe etwas zu trinken.) Estudia español **para** viajar a Chile. (Sie lernt Spanisch, um nach Chile zu reisen.)
■ um die **eigene Meinung** auszudrücken;	**Para** mí, el comportamiento de Óscar es inaceptable. (Ich finde Óscars Benehmen unmöglich.)
■ um eine **Eignung** auszudrücken oder einen **indirekten Vergleich** anzustellen;	Don Isidro no vale **para** alcalde. (Don Isidro ist nicht als Bürgermeister geeignet.) **Para** ser especialista lo hace muy mal. (Dafür, dass er Spezialist ist, macht er seinen Job sehr schlecht.)
■ um eine **unmittelbar bevorstehende Handlung** anzukündigen (mit ***estar para*** + Infinitiv).	El tren está **para** salir. (Der Zug ist zur Abfahrt bereit.)
por wird gebraucht:	
■ um einen **Grund** oder eine **Ursache** anzugeben;	Gracias **por** tu ayuda. (Danke für deine Hilfe.)
■ um das **Mittel** / die **Art und Weise** anzugeben;	Llámalo **por** teléfono. (Ruf ihn an.) Se casaron **por** lo civil. (Sie haben standesamtlich geheiratet.)
■ um ***zugunsten von / für*** auszudrücken;	Luchamos **por** la libertad. (Wir kämpfen für die Freiheit.)
■ um eine **stellvertretende Handlung** auszudrücken;	Lo hago **por** ella. (Ich mache das an ihrer Stelle.)
■ um über einen **Preis** zu sprechen;	Compraron un coche **por** 2 000 Euros. (Sie haben ein Auto für 2 000 Euro gekauft.)
■ um eine **noch auszuführende Handlung** anzugeben (***por*** + Infinitiv);	Queda mucho **por** hacer. (Es bleibt noch viel zu tun.)
■ um **Prozentzahlen** auszudrücken;	un / el 30 **por** ciento (30 %)
■ um ein **Format** zu bezeichnen bzw. bei **Multiplikationen;**	9 **por** 13 (9 x 13)
■ um eine **zeitliche Reihenfolge** anzugeben.	Me ha dejado plantado **por** segunda vez. (Er hat mich zum zweiten Mal versetzt.)

ÜBUNG 1 **Verbinde die passenden Satzteile mit *para* und schreibe sie in dein Übungsheft.**

Necesitamos el coche		que le recete medicina.
Voy al centro		estudiar en la universidad.
Ernesto busca su móvil	**para**	ir a la ciudad.
La mujer va al médico		comprarme zapatos.
Tienes que ser inteligente		llamar a Nacho.

ÜBUNG 2 ***¿por o para?*** **Setze die passende Präposition ein.**

1. He quedado con Juan ______ este fin de semana.
2. Cuando fueron a Bolivia pasaron ______ el Perú.
3. Estuve en México ______ dos años. Allí conocí a mucha gente.
4. Salimos de la discoteca ______ el ruido. La música estaba a tope.
5. ______ relajar un poco tenéis que ir al campo.

WISSEN

Häufig gebrauchte Ausdrücke mit *por*

- ***por un lado / por otro lado*** (einerseits / andererseits)
- ***por fin*** (schließlich / endlich)
- ***por lo menos*** (wenigstens / mindestens)
- ***por lo visto*** (anscheinend)
- ***por si (acaso)*** (für den Fall, dass)
- ***por lo tanto / por eso*** (deshalb)

Por un lado es un trabajo duro, pero **por otro lado** se puede ganar mucho dinero.
Por fin llegó Rotilio.
Se va a quedar tres meses **por lo menos.**

Por lo visto se quieren mucho.
Por si acaso me llevo un paraguas.
Te he avisado una vez. **Por lo tanto** no lo hagas más.

ÜBUNG 3 **Übersetze die folgenden Sätze und schreibe sie in dein Übungsheft.**

1. Einerseits kann ich ihn verstehen, aber andererseits ist sein Verhalten inakzeptabel.
2. Inés und Martín haben oft gestritten *(pelearse)*. Deshalb haben sie sich getrennt.
3. Zieh eine Jacke an, für den Fall, dass du frierst.
4. Endlich hat sie einen Freund gefunden!

5.2 *a* und *de*

a und *de* sind einfache Präpositionen, da sie nur aus einem Wort bestehen.
Ebenso wie ***por*** und ***para*** übernehmen sie im Spanischen vielfältige Aufgaben.

Die Präpositionen ***a*** und ***de*** verschmelzen mit dem nachfolgenden bestimmten männlichen Artikel ***el:*** ***a + el → al*** ***de + el → del***	Vamos **al** instituto. Vivo cerca **del** Museo de Arte Contemporáneo.
Achtung: Dies gilt nur für den männlichen Artikel, nicht für das männliche Personalpronomen ***él.***	Su padre está muy orgulloso **de él.**

Gebrauch von *a*

■ Ziel	Juan va **a** casa / **a** la estación de trenes. (Juan geht nach Hause / zum Bahnhof.)
■ Entfernung / Richtung	El parque está **a** 200 metros / **a** la izquierda. (Der Park ist 200 m entfernt / links.)
■ Uhrzeit	¿**A** qué hora vendrás? – **A** las tres. (Wann kommst du? – Um drei.)
■ Zeitraum ***(de … a)***	Trabajo de lunes **a** viernes. (Ich arbeite von Montag bis Freitag.)
■ Art und Weise	El jersey está hecho **a** mano. (Der Pulli ist handgestrickt.) Voy **a** pie. (Ich gehe zu Fuß.)
■ Alter	Me gradué **a** los 24 años. (Ich habe mit 24 Jahren mein Studium abgeschlossen.)
■ Ort	Todos **a** bordo. (Alle Mann an Bord.) Se sentaron **a** la sombra. (Sie setzten sich in den Schatten.)
Beim **direkten Objekt** steht in der Regel die Präposition ***a*** vor **Personen.**	¿Has visto **a** Paco? Conocimos **a** los Serrano.
a steht **immer vor dem indirekten Objekt.** Dies können sowohl **Personen** als auch **Dinge** sein.	Le he dado los documentos **a** Martín. Le queremos ayudar **a** Laura. Esto le puede dañar **al** motor.

Gebrauch von *de*

■ Herkunft	Los Barragán son **de** Honduras. (Die Barragáns sind aus Honduras.)
■ Besitz und Verwandtschaft	el tío **de** Berta (Bertas Onkel) la carpeta **de** Montse (die Mappe von Montse)
■ Stoff und Material	la copa **de** cristal (das Glas aus Kristall) la camisa **de** seda (das Seidenhemd)
■ nähere Bestimmung	la clase **de** inglés (der Englischunterricht)
■ Maße und Mengenangaben	La cocina mide 3 metros **de** largo. (Die Küche ist drei Meter lang.) Compra una barra **de** pan. (Er kauft eine Stange Brot.)
■ Zeitraum *(de ... a; dentro de)*	Las tiendas cierran **de** la 1 a las 4. (Die Läden schließen von 1 bis 4 Uhr.)

Feste Fügungen mit den Präpositionen *a* und *de*

■ *al* + Infinitiv (beim ...)	**Al entrar** noté que algo no estaba bien.
■ *a medida que* (während / in dem Maße, wie)	**A medida que** fueron pasando los días, superamos el 'jet-lag'.
■ *a menos que* (es sei denn)	Nunca podrán comprarse un piso **a menos que** les toque la lotería.
■ *a pesar de* (trotz + Genitiv)	**A pesar de** su enfermedad siempre es alegre.
■ *a ver si* (mal sehen, ob ...)	**A ver si** me pillas.
■ *de nuevo* (erneut / von vorn)	Rafael se presenta **de nuevo** al examen.
■ *de parte de* (seitens / im Auftrag von)	**¿De parte de** quién?
■ *de repente* (plötzlich)	**De repente** entró Alejandro gritando.
■ *de todas formas* (auf alle Fälle / jedenfalls)	**De todas formas** no pueden venir.
■ *de una vez* (endlich / auf einmal)	Cállate **de una vez.** / Se tomó todo **de una vez.**
■ *estar de acuerdo* (einverstanden sein)	No **estoy de acuerdo** con lo que dices.
■ *estar / ser* + Adjektiv + *de*	La madre **está** muy **orgullosa de** su hija. Este ejercicio **es difícil de** entender.

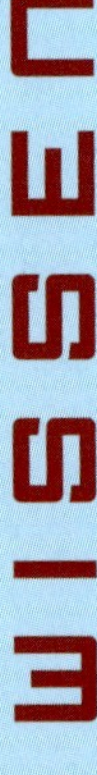

ÜBUNG 4 **Verbinde die passenden Bausteine mit der Präposition *a*.**

1. Carlos trabaja de lunes
2. Inés se casó
3. ¿Puedes darle un consejo
4. El ayuntamiento está
5. El supermercado abre
6. ¿Has visto
7. Vamos
8. Se ha acostumbrado

a

a. las 9 de la mañana.
b. pie. El teatro queda muy cerca.
c. las costumbres mexicanas.
d. los 19 años.
e. Roberta?
f. 200 metros.
g. Ignacio? No sabe qué hacer.
h. viernes.

ÜBUNG 5 ***de* oder *a*? Entscheide, welche Präposition in die Lücke kommt. Beachte, dass ein nachfolgender männlicher Artikel mit *de / a* verschmilzt.**

1. Doña María es la abuela ______ Maite.
2. El cine está ______ lado de la iglesia.
3. ¿Cómo te llamas? No me acuerdo ______ tu nombre.
4. Nicolás es ______ Paraguay.
5. El año que viene queremos viajar ______ Brasil.
6. Vamos ______ parque, que hace buen tiempo.
7. Óscar ha ganado un premio. Su madre está muy orgullosa ______ él.
8. Mañana no tenemos clase ______ español.
9. Este ejercicio no es difícil ______ hacer.
10. Queremos ayudar ______ los niños de la calle en Nicaragua.

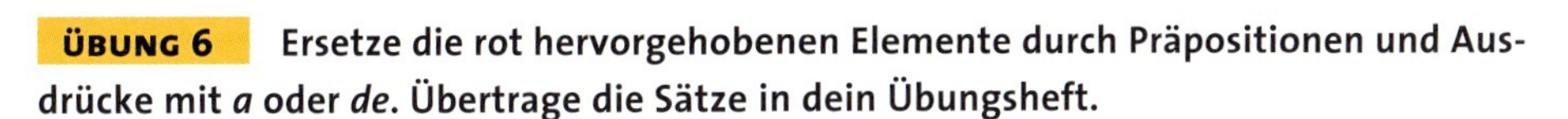

ÜBUNG 6 **Ersetze die rot hervorgehobenen Elemente durch Präpositionen und Ausdrücke mit *a* oder *de*. Übertrage die Sätze in dein Übungsheft.**

1. Cuando tenía 18 años saqué el carné de conducir.
2. Paco se ha casado otra vez.
3. Cuando terminó la clase, me fui a casa.
4. ¡No soporto que me interrumpas! Escucha ya.

5.3 Weitere Präpositionen (otras preposiciones)

Präpositionen der Zeit

Präpositionen der Zeit setzen Wörter in temporale Beziehung zueinander und antworten auf die Frage „wann?".

- *antes de* (vor)
- *con* (mit)
- *desde ... hasta* (von ... bis)
- *desde (hace)* (seit)
- *después de* (nach)
- *en* (in)
- *entre* (zwischen)
- *hacia / sobre* (gegen)
- *hasta* (bis)

Llegamos a casa **antes de** las 11.
Con el tiempo voy aprendiendo.
Hoy he estudiado **desde** las 8 de la mañana **hasta** las 7 de la tarde.
Miranda vive en Honduras **desde hace** 10 años.
Después de la fiesta arreglaron el piso.
¿Qué vais a hacer **en** las vacaciones?
La secretaría está cerrada **entre** las 12 y la 1.
Quedamos en el bar **sobre** las 10.
¡**Hasta** mañana!

Präpositionen des Ortes

Präpositionen des Ortes setzen Wörter in lokale Beziehung zueinander und antworten auf die Fragen „wo?", „wohin?" und „woher?".

- *desde ... hasta / de ... a* (von ... bis)
- *en* (in)
- *entre* (zwischen)
- *hacia* (in Richtung)
- *hasta* (bis)
- *sobre* (auf, über)

Viajaron por la carretera Panamericana **desde** Alaska **hasta** Patagonia.
Lucía vive **en** La Paz.
No hay ruta aérea directa **entre** Bolivia y Santiago de Chile.
Queremos ir **hacia** el norte, hace demasiado calor en el sur en verano.
Se veía el humo del incendio (Brand) **hasta** 20 kilómetros de distancia.
Tráeme el libro que está **sobre** la mesa.

Präpositionen der Art und Weise

Präpositionen der Art und Weise setzen Wörter in modale Beziehungen zueinander und beantworten Fragen nach dem „Wie?".

- *a* (mit)
- *con* (bei / mit)
- *de*
- *en* (im)
- *sin* (ohne)

El tren iba **a** gran velocidad.
Con este tiempo no podemos salir.
He aprendido el poema **de** memoria.
Romeo y Julieta se veían **en** secreto.
¡No puedo vivir **sin** ti!

Feste Fügungen

Beim Vokabellernen ist es sinnvoll, **Wörter in Kollokationen zu lernen,** das heißt zusammen mit den Wörtern, mit denen sie in der Regel gemeinsam auftreten. **Verben** sollte man sich daher zusammen **mit der dazugehörigen Präposition** als feste Fügungen einprägen.

inmigrar (Verb) + ***en*** (Präposition) — Entre 1900 y 1915 millones de extranjeros **inmigraron en** América.

Vor allem bei jenen festen Fügungen, die sich in der begleitenden Präposition vom Deutschen unterscheiden, ist es wichtig, die Präposition immer mitzulernen:

soñar con (träumen von) — Anoche **soñé con** Brad Pitt.

Folgende Auswahl von häufig verwendeten festen Fügungen mit ihren dazugehörigen Präpositionen sollte man sich merken:

- ***acordarse de*** (sich erinnern an) — ¿Te **acuerdas de** Trini?
- ***acostumbrarse a*** (sich gewöhnen an) — Ya nos hemos **acostumbrado a** las costumbres americanas.
- ***alegrarse de*** (sich freuen über) — **Me alegro de** que vengas.
- ***burlarse de*** (sich lustig machen über) — Los niños siempre **se burlan de** Jaime.
- ***casarse con*** (jemanden heiraten) — Paz se va a **casar con** Valentín.
- ***conocer a*** (jemanden kennenlernen) — Fernando **conoció a** Paula en La Paz.
- ***dirigirse a*** (sich wenden an) — Para asuntos administrativos **diríjanse a** la secretaria.
- ***dudar de*** (zweifeln an) — No **dudes de** mí.
- ***enamorarse de*** (sich verlieben in) — Leonardo se ha **enamorado de** Claudia.
- ***influir en*** (etwas beeinflussen) — El tango **influyó** mucho **en** su música.
- ***interesarse por*** (sich interessieren für) — Bertrán no **se interesa por** el fútbol.
- ***luchar por / contra*** (kämpfen für / gegen) — Tenemos que **luchar contra** la discriminación de los indígenas.
- ***olvidarse de*** (etwas vergessen) — Se han **olvidado de** dejarnos las llaves.
- ***preocuparse por*** (sich sorgen um) — **Me preocupo por** Maribel. Últimamente come muy poco.
- ***soñar con*** (träumen von) — **Soñamos con** comprarnos una casita.

ÜBUNG 7 **Höre dir Track 10 auf der CD an und kreuze die richtige Antwort an.**

10

1. ☐ a. Entre Perú y Bolivia.
   ☐ b. Sobre las 6 de la tarde.
   ☐ c. Desde enero hasta abril.

2. ☐ a. no funciona la televisión.
   ☐ b. vamos al instituto.
   ☐ c. estoy enfermo.

3. ☐ a. Sobre la mesa.
   ☐ b. Hacia el sur.
   ☐ c. A las 9 de la mañana.

4. ☐ a. hablas inglés.
   ☐ b. no debes ir a la piscina.
   ☐ c. llueve mucho.

ÜBUNG 8 **Ordne die mit Präpositionen beginnenden Satzteile aus dem Wortspeicher in die richtige Tabellenspalte ein.**

hacia el oeste - antes de - entre las 4 y las 6 - entre el banco y la iglesia - con - en secreto - en cinco días - en Bogotá - sin

Präpositionen der Zeit	Präpositionen des Ortes	Präpositionen der Art und Weise

ÜBUNG 9 **Verbinde die zueinanderpassenden Halbsätze miteinander.**

1. Julio está enamorado
2. Anoche soñé
3. Diego Rivera influyó mucho
4. Para más información dirígense
5. No será tarde. Volveremos

a. en el arte de Frida Kahlo.
b. sobre las 10.
c. de su profesora de piano.
d. con una playa maravillosa.
e. a info@museo.org.

WISSEN

conmigo, contigo

Denke daran, dass die Präposition ***con*** mit den Pronomen der 1. und 2. Person Singular ***(mí, ti)*** zu ***conmigo*** und ***contigo*** verschmilzt (↑ Kap. 4.1).

¿Vienes **conmigo?**
Contigo nunca me aburro.

ÜBUNG 10 **Setze die fehlenden Präpositionen ein.**

1. Mi tía se alegró mucho ______ nuestra visita.
2. Estoy muy triste. Adelina no quiere casarse ______ .
3. ¿Te interesas ______ las carreras de coches?
4. ¿Os acordáis ______ Julio?
5. Siempre se olvidan ______ avisarnos.
6. Dudo ______ su sinceridad.
7. Queremos apoyar a la Cruz Roja en su lucha ______ el SIDA *(Aids)*.
8. No os preocupéis ______ mí.

ÜBUNG 11 **Übersetze die folgenden Sätze.**

1. Mauricio macht sich immer über mich lustig.

______

2. Die Familie Peralta lebt seit 8 Jahren in Costa Rica.

______

3. Bei dem Wetter sollten wir an den Strand fahren.

______

4. Ich mache mir Sorgen um Pascual. Er geht nicht ans Telefon.

______

5. Sie kämpfen für seine Aufenthaltsgenehmigung *(el permiso de residencia)*.

______

6. Ich kann mich einfach nicht an dieses Klima gewöhnen.

______

Klassenarbeit 1

AUFGABE 1 **Suche rechts die entsprechende Übersetzung in Spanisch und verbinde sie mit den deutschen Angaben. Schreibe die fehlende Präposition in das Kästchen.**

Deutsch	Spanisch
1. für die Freiheit	____ las nueve
2. vor Mitternacht	____ Guatemala
3. ohne Zucker	____ medianoche
4. bis morgen	____ azúcar
5. zwischen Felix und Mia	____ estudiar
6. seit 20 Jahren	____ 20 años
7. aus Guatemala	por la libertad
8. um neun Uhr	____ mañana
9. mit dir langweile ich mich	____ Felix y Mia
10. um zu studieren	____ me aburro

AUFGABE 2 ***¿por* o *para?* Setze die fehlenden Präpositionen ein.**

1. ¿Hay un supermercado ____ aquí?
2. En el viaje pasamos ____ Tejas.
3. ¡ ____ fin llegamos al hotel!
4. El 40 ____ ciento de los alumnos es de origen indígena.
5. Las maletas están hechas. Estamos preparados ____ salir.
6. Nos vemos ____ Navidad.

AUFGABE 3 **Setze die passenden Präpositionen ein.**

1. La tía ____ Berta es profesora de italiano.
2. Quisiera hablar ____ el señor Gutiérrez.
3. Compra 5 kilos ____ patatas en el mercado.
4. Ricardo ha trabajado ____ las 7 de la mañana hasta las 8 de la tarde.
5. En un bar: „¿Me trae un agua ____ gas *(ohne Kohlensäure)*, por favor?“

AUFGABE 4 **Ordne die Präpositionen aus dem Wortspeicher der richtigen Tabellenspalte zu und trage sie dort ein.**

interesarse – dirigirse – conocer – alegrarse – dentro – luchar – preocuparse – burlarse – acostumbrarse

Fügungen mit ***a***	Fügungen mit ***de***	Fügungen mit ***por***

AUFGABE 5 **Übersetze die folgenden Sätze.**

1. Für mich bedeuten *(ser)* die Ferien Sonne und Strand.
2. Die Apotheke schließt um 7 Uhr abends.
3. Nach dem Mittagessen mache ich meine Hausaufgaben.
4. Julián ist nicht zu Hause.
5. Ich komme aus Deutschland.
6. Wir verbringen unsere Ferien immer in Italien.
7. Komm mit mir ins Kino.
8. Sie leben schon seit 4 Jahren in Peru.

Klassenarbeit 2

AUFGABE 6 **Löse das folgende Rätsel. Ergänze die Lücken und schreibe die nummerierten Buchstaben in die Kästchen unten über die roten Zahlen. Wie lautet das Lösungswort?**

1. Eduardo se casó ___ los 34 años.
2. Siempre voy ___ (2) ___ bicicleta al instituto.
3. Compró una casa ___ ___ ___ un millón de euros.
4. ¿Conoces ___ Rita?
5. Luisa se ha enamorado ___ ___ ti.
6. ___ ___ ___ ___ ___ ___ ___ ___ ___ ≠ por otro lado
7. ___ ___ (6) ___ ___ ___ ___ (1) ___ = otra vez
8. ___ ___ ___ ___ (4) ___ ___ ___ (3) ___ ___ = *plötzlich*
9. ___ ___ ___ ___ ___ (5) ___ ___ ___ ___ ≠ antes de
10. Este regalo es ___ ___ (7) ___ ___ ti.

solución: ___ (1) ___ (2) ___ (3) ___ (4) Z ___ (5) ___ (6) L ___ (7)

AUFGABE 7 **Setze die fehlenden Präpositionen ein.**

1. Nunca me acuerdo ________ su nombre.
2. Señora Paquita, me he olvidado ________ hacer los deberes.
3. No me puedo acostumbrar ________ la mentalidad alemana.
4. ¿Está de acuerdo ________ el precio?
5. Pepe siempre se burla ________ su esposa.
6. El examen fue muy fácil ________ solucionar.
7. Me alegro mucho ________ verte.
8. Están buscando un medicamento adecuado en la lucha ________ el cáncer.
9. Nos comimos toda la pizza ________ una vez.
10. Eva y Ana están soñando ________ una carrera como modelos.

AUFGABE 8 **Finde im Gitter sieben Präpositionen und schreibe sie zusammen mit ihrer deutschen Übersetzung auf. Tipp: Das Buchstabengitter enthält auch feste Fügungen.**

a	m	e	n	o	s	q	u	e	s
d	v	m	y	j	f	o	l	w	o
e	ñ	e	s	h	p	r	e	g	b
n	o	x	r	a	i	a	h	z	r
t	z	d	e	s	p	u	é	s	e
r	i	r	p	t	i	m	c	d	c
e	s	q	p	a	r	a	h	v	o

AUFGABE 9 **Lies den folgenden Brief von David an seine Eltern und setze die fehlenden Präpositionen ein.**

Queridos papá y mamá,
¡ _____ fin he llegado a La Paz! _____ el aeropuerto _____ Arica _____ Chile tomamos un autobús _____ Arequipa. El chófer (Busfahrer) decidió tomar el camino _____ la carretera _____ la costa _____ el norte. _____ llegar a Arica busqué un hostal cerca _____ la estación de autobuses para no perder tiempo. Al día siguiente _____ la mañana seguí mi viaje al Lago Titicaca. _____ mí la visita al Lago Titicaca ha sido una experiencia fenomenal. ¡Ojalá pudierais ver este paisaje tan impresionante! Papá, muchísimas gracias _____ hacer posible este viaje. La ciudad _____ La Paz también me ha impresionado mucho. Al principio he tenido que acostumbrarme _____ clima ya que esta ciudad está _____ 3650 metros _____ altura.
Mañana ya voy a emprender el viaje de regreso. Me alegro _____ poder veros muy pronto.
Un abrazo muy fuerte de David

TESTEN

6 Die Verben ser und estar

6.1 Das Passiv (la voz pasiva)

Ser und *estar* werden als **Hilfsverben** für die Bildung der Passivformen verwendet.

Das Vorgangspassiv

Das **Vorgangspassiv** ***(la pasiva de proceso)*** beschreibt eine Handlung und wird mit *ser* **+ Partizip Perfekt** gebildet. Es entspricht dem deutschen *werden*.

El presidente **es apoyado por** su país.
(Der Präsident wird von seinem Land unterstützt.)

Das Partizip richtet sich in Geschlecht und Zahl nach dem Subjekt, auf das es sich bezieht. Der Urheber kann mit der Präposition *por* angehängt werden.

La catedral **ha sido restaurada por** un especialista.
El museo **fue construido** en 1972 **(por** un arquitecto muy famoso).

In der spanischen **Alltagssprache** wird das Vorgangspassiv kaum benutzt, sondern meist durch die **Aktivform** ersetzt. Man findet es aber in historischen Berichten, Nachrichten und Sachtexten.

Juan **fue robado** por algunos jóvenes.
→ Algunos jóvenes le **robaron.**

América **fue descubierta** por Cristóbal Colón.

Das Zustandspassiv

Das **Zustandspassiv** ***(la pasiva de estado)*** betrachtet das Ergebnis einer Handlung. Es entspricht dem deutschen *sein*.

El vaso **está lleno.**
(Das Glas ist gefüllt.)

Es wird gebildet aus *estar* **+ Partizip Perfekt,** das sich auch hier in Geschlecht und Zahl an sein Bezugswort anpasst.

La catedral **está restaurada.**
Todos sus sueños **estuvieron estropeados.**
Las máquinas ya **están arregladas.**

ÜBUNG 1 **Bilde das Vorgangspassiv (*ser* + Partizip) in der vorgegebenen Person für die angegebenen Zeiten.**

	1. **invita**	2. **perseguimos**	3. **descubren**
Presente			
Pretérito perfecto			
Pretérito Indefinido			
Futuro simple			
Subjuntivo			

ÜBUNG 2 **Passiv mit *ser* oder mit *estar*? Streiche das falsche Verb durch.**

1. El problema es / está explicado por el profesor de matemáticas.
2. Las flores ya son / están bien regadas *(gegossen)*.
3. Las nuevas colecciones fueron / estuvieron presentadas por la diseñadora.
4. La tarjeta de crédito no fue / estuvo aceptada por la máquina.

WISSEN 

Reflexives Passiv
Das Vorgangspassiv wird oft durch das ***pasiva refleja*** ersetzt. Es wird mit dem unpersönlichen *se* und der **3. Person Singular oder Plural** gebildet und kann immer dann verwendet werden, wenn das Subjekt im Passivsatz keine Person ist.

En España **se hablan** cuatro lenguas.
(*statt:* Cuatro lenguas son habladas en España.)

Se cerró el negocio.
(*statt:* El negocio fue cerrado.)

ÜBUNG 3 **Forme das Passiv und achte dabei auf das Tempus der Sätze. Schreibe die Sätze in dein Übungsheft.**

1. El 31 de octubre celebran el Día de los Muertos en México.
2. El Señor Daimler y el Señor Benz construyeron el primer coche del mundo.
3. En muchos países latinoamericanos combaten la corrupción política.
4. Han solucionado el problema.

6.2 *ser* und *estar* als Vollverben

(*ser* y *estar* como verbos plenos)

Im Spanischen gibt es zwei Verben für *sein,* die in unterschiedlichen Situationen verwendet werden. Wann ***ser*** und wann ***estar*** gebraucht wird, muss man auswendig lernen.

Gebrauch von *ser*

Ser tritt als Vollverb nur in den folgenden Fällen auf:

■ zur **Identifikation** von Personen und Dingen;	¿Quién **es**? (Wer ist da?) ¿Qué **es** esto? (Was ist das?)
■ wenn es die Bedeutung ***stattfinden*** trägt;	La conferencia **es** en la sala 311. La boda **es** en la Iglesia de Santa Inés.
■ zur Angabe von **Preisen**;	Las manzanas **son** 2 euros el kilo.
■ am **Anfang eines Märchens**;	**Érase** una vez ... (Es war einmal ...)
■ als Synonym für ***existir.***	Dios **es.**

Gebrauch von *estar*

Der Gebrauch von ***estar*** als Vollverb beschränkt sich auf folgende Situationen:

■ Ortsangaben;	La iglesia **está** al lado del instituto. ¿Dónde **estáis**? – **Estamos** en el sótano.
■ um An- oder Abwesenheit auszudrücken;	Leticia no **está.** (Leticia ist nicht da.) ¿**Están** tus padres? – No, han salido.
■ für das persönliche Befinden.	¿Cómo **estás**? (Wie geht es dir?)

ÜBUNG 4 **Bilde vollständige Sätze und entscheide, ob du als Verb *ser* oder *estar* verwenden musst.**

1. ¿Dónde / La Paz? – en Bolivia

   ______________________ – ______________________
2. ¿Cómo / tu madre? – no / mejor

   ______________________ – ______________________
3. El concierto / en la sala de Mozart. – la sala / en la primera planta

   ______________________ – ______________________
4. ¿Carlos y su hermana? – no / en casa

   ______________________ – ______________________
5. ¿Quiénes? – Fernanda y Mauricio

   ______________________ – ______________________

ÜBUNG 5 ***¿ser o estar?*** **Setze das richtige Verb in die Lücken der E-Mail ein.**

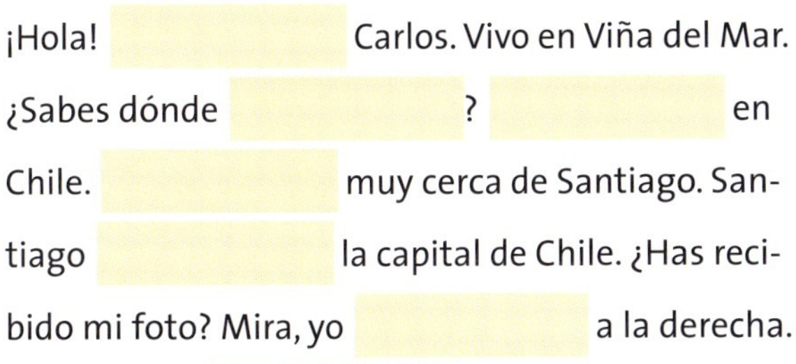

¡Hola! __________ Carlos. Vivo en Viña del Mar. ¿Sabes dónde __________? __________ en Chile. __________ muy cerca de Santiago. Santiago __________ la capital de Chile. ¿Has recibido mi foto? Mira, yo __________ a la derecha. Mi hermana __________ a la izquierda. Delante de mi hermana __________ mis primos José y Maite. ¿Sabes que mañana

__________ el primer día del encuentro de informáticos en mi universidad? Será mejor que escuchar a profesores aburridos. Vale, tengo que irme. ¡Escríbeme pronto!

ÜBUNG 6 **Übersetze und schreibe die Sätze in dein Übungsheft.**

1. Es war einmal ein schönes Mädchen und eine böse Hexe *(la bruja)*.
2. Wo findet die Vorlesung *(la clase)* statt?
3. Julia ist nicht anwesend. Weißt du, wie es ihr geht?

6.3 *ser* und *estar* als Kopulaverben

(*ser* y *estar* como verbos copulativos)

Gebrauch vor Substantiven

Ser wird wie folgt verwendet:	
■ für **Berufe** und **Verwandtschaftsverhältnisse**;	El padre de José **es** abogado. El hermano de mi padre **es** mi tío.
■ für das **Geschlecht**;	Santi **es** un hombre y Juana **es** una mujer.
■ um **Herkunft** oder **Besitz** anzugeben ***(ser de)***;	¿**De** dónde **eres**? – **Soy de** Alemania. Los zapatos **son de** Nuria.
■ um ein **Ziel** oder einen **Empfänger** anzugeben (gefolgt von ***para***);	**Es** un regalo **para** ti. Los deberes **son para** mañana.
■ um **Material** oder **Beschaffenheit** anzugeben;	La falda **es** de lana. La mochila **es** de piel.
■ für die **Uhrzeit** und das **Datum**;	¿Qué hora **es**? – **Es** la una. **Son** las tres y cuarto de la tarde. Hoy **es** lunes. Ayer **fue** domingo. **Es** el trece de junio de 2010.
■ bei **Rechenergebnissen**.	Cinco menos dos **son** tres. Doce dividido por dos **son** seis.
Estar + Substantiv tritt nur in folgendem Zusammenhang auf:	
■ für vorübergehende Beschäftigungen ***(estar de)***;	Mi padre **está de** vendedor, pero busca un trabajo como ingeniero.
■ für Zeit- und Temperaturangaben ***(estar a)***.	**Estamos a** viernes / **al** 5 de enero. **Estamos a** 32 grados.

Gebrauch vor Adjektiven

Die Verwendung von ***ser*** und ***estar*** vor Adjektiven bereitet Spanischlernenden am meisten Probleme. Beide Male wird es mit *sein* übersetzt, doch die **mitschwingende Bedeutung** wird im Spanischen bereits durch die Wahl des Verbs verdeutlicht.

Mi madre **es** muy nerviosa.
(Meine Mutter ist immer sehr aufgeregt und unruhig. Sie kann nicht still sitzen.)
Mi madre **está** muy nerviosa.
(Meine Mutter ist heute ein Nervenbündel. Irgendetwas regt sie sehr auf.)

Ser wird verwendet, um **wesentliche und dauerhafte Merkmale** zu benennen.

Magdalena **es** una chica muy simpática.
Mis hermanas **son** rubias.

Im Gegensatz dazu wird ***estar*** für einen **vorübergehenden Zustand** verwendet, oftmals um gleichzeitig auf eine **Veränderung** hinzuweisen.

Mi hermana **está** pelirroja. (Se lo ha coloreado de rojo, normalmente es rubia.)
Hala (wow), ¡**estás** muy elegante hoy! (Normalmente lleva ropa deportiva.)
Pedro **está** moreno. (Ha tomado mucho el sol.)

Einige Adjektive nehmen nach ***ser*** und ***estar*** **unterschiedliche Bedeutungen** an:

ser rico (reich sein) – ***estar rico*** (gut schmecken)

Su familia **es rica.** Tiene mucho dinero.
La sopa **está rica.** Tiene un sabor fantástico.

ser malo (einen schlechten Charakter haben) – ***estar malo*** (krank / verdorben sein)

Es un chico **malo.** Nunca sabe comportarse.
Mi madre **está mala.** No trabaja hoy.

ser bueno (einen guten Charakter haben) – ***estar bueno*** (gut schmecken)

Tu hija **es buena**. Siempre es tan amable.
La tarta **está buenísima.** Me gusta mucho.

ser listo (schlau sein) – ***estar listo*** (fertig sein)

Mi primo ya sabe calcular. **Es muy listo.**
¿Estáis listos? ¿Podemos continuar?

ser orgulloso (stolz / überheblich sein) – ***estar orgulloso de*** (stolz sein auf)

Mi abuelo **era** un hombre muy **orgulloso.**
Hoy **está** muy **orgulloso** de su hijo.

ser verde (grün sein) – ***estar verde*** (unreif sein)

El césped **es verde.**
Los plátanos todavía **están verdes.**

ser joven / viejo (jung / alt sein) – ***estar joven / viejo*** (jung / alt aussehen)

Con sus 18 años **es muy joven.**
Sólo tiene 34 años pero **está viejo.**

Unveränderliche Eigenschaften werden immer mit *ser* wiedergegeben:	
■ Religionszugehörigkeit	María **es** católica. Mucha gente **era** judía.
■ Nationalität	Marcela **es** española. Sus padres **son** franceses.
■ Farben	La chaqueta **es** marrón. Los zapatos **son** negros.
■ Körpergröße	Mi hermano **es** muy alto pero yo **soy** baja.
Unpersönliche Ausdrücke werden mit *ser* + Adjektiv gebildet. Häufig wird ein Infinitiv oder Nebensatz angeschlossen.	**Es obvio** que no sabe tocar el violín. **Es interesante** que te gusten los idiomas. **Es bastante** fácil aprender inglés.
Um das **persönliche Befinden** auszudrücken, wird ausschließlich *estar* gebraucht.	Hoy **estoy** mejor que ayer. El lunes mi padre no **estuvo** nada bien.
Auch folgende **Adjektive** werden immer mit *estar* verwendet: ***solo, ocupado, vivo, muerto, lleno, vacío, permitido, prohibido, roto***	Mi madre **está sola.** El baño **está ocupado.** El autor **está vivo.** La cantante **está muerta.** El autobús **está lleno** de gente. Mi vaso **está vacío.** **Está permitido** tener animales en el piso. **Está prohibido** pasar. La pierna de la silla **está rota.**
Es gibt einige **feststehende Wendungen,** die immer mit *estar* auftreten: ***estar acostumbrado a, estar de acuerdo (con), estar de vacaciones, estar en el teléfono, estar en contra (de), estar a favor (de), estar de mal humor***	Los niños **están acostumbrados** a compartir. Mi padre **estuvo de acuerdo.** **Estamos de vacaciones** en México. Hola, ¿quién **está en el teléfono?** La gente **estaba en contra** del gobierno. No **estoy a favor** del nuevo entrenador. Nuria **está de mal humor** porque ha perdido sus llaves.

ÜBUNG 7 Höre dir Track 11 auf der CD an. Ordne die Wörter, die du hörst, dem entsprechenden Verb zu und trage sie in die Tabelle ein.

ser	estar

ÜBUNG 8 Vervollständige die Sätze mit *ser* oder *estar*.

Mira, aquí ______ Esteban. ______ el novio de Isabel. Normalmente ______ un chico muy tranquilo, pero ayer ______ muy enfadado. Le habían robado su bicicleta. ______ una bicicleta nueva. ______ roja. Esteban ______ de un pueblo en Pamplona. ______ español, pero su padre ______ de Bolivia. En Madrid ______ normal que roban cosas, pero Esteban no ______ acostumbrado a esas cosas. ¡Pobre Esteban!

ÜBUNG 9 *¿ser o estar?* Streiche das falsche Verb durch.

1. La tortilla de máiz es / está muy típica en México.
2. Los futbolistas argentinos son / están muy conocidos en todo el mundo.
3. Son / Están las cinco y media y todavía no ha llegado.
4. Los partidos no son / están de acuerdo con los resultados de la encuesta.
5. Mi hermana no es / está sola. Tiene novio.
6. Los jerseys de mi marido tienen que ser / estar de algodón.

ÜBUNG 10 **Entscheide, ob es sich hier um ein Charakteristikum *(ser)* oder eine temporäre Eigenschaft *(estar)* handelt.**

1. Felipe ______ muy cansado de tanta gente.
2. El centro comercial ______ cerrado los domingos.
3. El inglés ______ un idioma fácil.
4. María y Teresa ______ amigas.
5. La sala ______ muy desordenada.
6. Jorge ______ muy cerrado y tímido.
7. Mi amiga todavía ______ muy pálida. Tiene que ponerse crema solar.
8. El mundo ______ redondo.

WISSEN

Hay* und *estar

Mit dem unpersönlichen ***hay*** wird ebenfalls An- oder Abwesenheit ausgedrückt. Allerdings tritt ***hay*** nur mit dem **unbestimmten Artikel**, mit **Substantiven ohne Artikel**, vor **Zahlen** und vor **Indefinitpronomen** auf.

¿Hay un restaurante por aquí?
En este barrio **hay calles** muy estrechas.
Hay gente que no sabe divertirse.
Hay diez personas esperándote.
Hay muchas cosas que hacer.
No **hay nadie** en casa.
Hay bastante confusión respecto al tema.

ÜBUNG 11 ***¿hay o estar?*** **Vervollständige die Sätze mit dem passenden Verb.**

1. No ______ ni bares ni restaurantes en este pueblo.
2. ¿Dónde ______ el parque María Luisa?
3. ______ algunos jóvenes que no saben qué hacer después del bachillerato.
4. Al lado del museo ______ un café donde sirven la mejor tarta de la ciudad.
5. No ______ en su oficina. ______ una reunión.
6. ¿Cuántas personas ______? – ______ tres jóvenes con sus padres.

ÜBUNG 12 **Höre dir Track 12 auf der CD an. Was ist hier gemeint? Setze dein Kreuz vor die passende Aussage (a. oder b.).**

12

1.	☐	a. Estamos borrachos.	☐	b. Estamos de buen humor.
2.	☐	a. Hay muchas tapas.	☐	b. Las tapas saben a más.
3.	☐	a. Eres poco inteligente.	☐	b. Eres muy terco *(dickköpfig)*.
4.	☐	a. Tienen el color verde.	☐	b. No son maduras.
5.	☐	a. Está ocupada.	☐	b. No puede vivir en libertad.
6.	☐	a. Es de raza blanca.	☐	b. Es pálida.

ÜBUNG 13 ***¿ser, estar o hay?* Vervollständige die Sätze.**

¿Qué ______ mejor – vivir en el campo o en la ciudad? La ciudad ______ grande. ______ de todo. Las tiendas ______ abiertas 24 horas. Pero la vida en la ciudad ______ muy anónima. Mucha gente ______ sola, pero las calles ______ llenas de coches. ______ muy difícil ir en bicicleta. Cada día ______ muchos accidentes. También ______ mucha contaminación. El campo, por otro lado, ______ muy tranquilo. ______ algunas tiendas, pero ______ muy pequeñas. Mucha gente ______ harta de vivir en los pueblos y se muda al centro. Depende de qué ______ (tú) esperando de la vida. ______ mucha marcha en la ciudad, pero ______ más fácil encontrar amigos en el campo. Ahí la gente ______ menos superficial.

ÜBUNG 14 **Markiere das richtige Verb.**

1. Cuando era joven, siempre estaba / fue de mal humor.
2. Su comportamiento ante los vencidos estuvo / era muy injusto.
3. Dijo que la conversación estuvo / había sido muy interesante.
4. La situación política siempre es / está presente.
5. No había / era nada.

Klassenarbeit 1

AUFGABE 1 **Bilde Sätze, indem du die zusammengehörigen Satzteile verbindest.**

1. Quito está
2. ¿De quién es
3. Roberto es
4. Maribel es
5. ¿Dónde hay
6. María y Teresa son

a. el libro?
b. portugués.
c. un supermercado?
d. en Ecuador.
e. amigas.
f. una chica muy guapa.

AUFGABE 2 **Vervollständige die Sätze mit *ser* oder *estar*. Achte darauf, ob zusätzlich eine Präposition und / oder ein Artikel eingesetzt werden muss.**

1. Mi marido ______ mecánico, pero de momento ______ fontanero.
2. ______ ocho de marzo y ______ las cuatro de la tarde.
3. Mi tío ______ de Argentina, pero su esposa ______ mexicana.
4. Honduras ______ en Centroamérica. ______ un país muy pobre.
5. ______ diez grados. Hay que llevar un abrigo.

AUFGABE 3 **Bilde das Passiv und achte dabei auf das Tempus. Schreibe die Lösungen in dein Übungsheft.**

1. Los nacionalistas ganaron la Guerra Civil.
2. Mi novio me regaló esta pulsera hace un año.
3. Le han nombrado presidente de la empresa esta tarde.
4. Transmiten el partido en directo *(live)*.
5. Traducirán el libro al alemán.

AUFGABE 4 ***ser* und *estar* mit Adjektiven: Welche Form muss hier eingesetzt werden?**

1. ¿ ________ cierto que hay pirámides en México?
2. ________ imposible que te vayas.
3. Eso no te va a gustar, pero ________ (yo) en contra de la compra.
4. Aquí ________ prohibido fumar.
5. Esa marca ________ carísima. Las camisetas ________ más de 70 Euros.
6. El barrio tiene vigilantes *(Wächter)*. ________ seguro.
7. ¿ ________ muertos los mosquitos? Si no, tengo más de este espray.
8. Pensáis que ________ muy listos, pero eso no os va a ayudar.

AUFGABE 5 ***¿ser, estar o hay?* Markiere die richtige Form.**

1. No hay / es / está nadie. No veo ni una persona.
2. Es / Está malo que no podamos solucionar ese asunto.
3. ¿Dónde hay / es / está el baño? – Hay / Es / Está uno fuera en el pasillo.
4. ¿Eres / Estás listo? El concierto empieza en media hora.
5. Es / Está verdad que cerrarán el supermercado.

AUFGABE 6 **Vervollständige die Sätze mit der richtigen Form von *ser* oder *estar*. Achte auf die Zeit.**

1. No tengo tiempo porque ________ preparando la comida.
2. Ayer en el estreno *(Premiere)* la actriz ________ acompañada por su novio .
3. Sofía ________ muy cerrada. No revela mucho de su persona.
4. El otro día la profesora ________ muy enfadada. No sé qué pasó.
5. No ________ demostrado que la reforma ________ mala para la gente.
6. Otra vez ________ a más de 35 grados. ________ harto del calor.
7. El problema ________ solucionado.

TESTEN

Klassenarbeit 2

45 Minuten

AUFGABE 7 **Señora Estrella geht die Kartei ihrer Künstleragentur durch. Forme Sätze und überlege, ob du *ser* oder *estar* ergänzen musst.**

1. Juan – chileno – cantante – alto – amable – nunca puntual – muy nervioso la última vez – ahora enfermo

2. Luna y Sol – gemelas – bailarinas – menores de edad – nunca de acuerdo con el contrato – difíciles

3. Diábolo – de México – ahora en Chile – mago *(Zauberer)* – casado con Ángela – su compañera – una pareja rara – pero muy divertidos

4. Don Hermoso – modelo – pequeño – de poca confianza – horrible en el último desfile *(Modenschau)*

AUFGABE 8 ***¿ser o estar?*** **Vervollständige die Sätze.**

1. París no ________ en Portugal.
2. El CD ________ encima de la mesa. ________ del grupo Orishas.
3. ¿Cuántas zanahorias ________ ? ¿Más de medio kilo?
4. Hoy ________ a sábado. ________ el diecisiete de noviembre.
5. María ________ muy organizada, pero su cuarto ________ desordenado.
6. ¿Cómo ________ (vosotros)? – ________ bastante bien.
7. Mi vestido nuevo ________ marrón. ________ de seda.

AUFGABE 9 **Übersetze und mache dabei den Unterschied deutlich. Schreibe die Antworten in dein Übungsheft.**

1. Ana es muy delgada. – Ana está muy delgada.
2. Carmen es muy guapa. – Carmen está muy guapa.
3. Carlos es moreno. – Carlos está moreno.
4. Mi profesor es viejo, pero está joven.
5. ¿Estás malo? – Es mala gente.

AUFGABE 10 **Kreise die richtige Form ein.**

1. Como somos / estamos en diciembre, vamos a esquiar.
2. La bufanda es / está hecha de pura lana de alpaca.
3. No soy / estoy de acuerdo con que compartamos todo con ellos.
4. Hoy es / estamos el 23 de abril. Es / Está mi cumpleaños.
5. El paquete es / está para Manuel. Fue / Estuvo entregado por el cartero.
6. No lo puedo ver. Es / Está bastante lejos de aquí.

AUFGABE 11 ***¿ser, estar o hay?*** **Vervollständige die Sätze und achte auf die Zeit.**

1. ______ satisfecho o quieres más?
2. Antes ______ permitido fumar dentro, pero ahora ______ prohibido.
3. ¿Por qué todavía ______ sentado? Tenemos que irnos. ¡Anda!
4. ______ mirando los pájaros cuando oyó los tiros *(Schüsse)*.
5. No ______ nadie en casa, por eso salí.
6. El niño ______ aburrido, por eso hace muchas tonterías.

AUFGABE 12 **Übersetze und schreibe die Sätze auf die Linie.**

1. Die Sammlung ist nicht komplett.

______

2. Hier in der Nähe gibt es eine schöne Pension.

______

3. Er könnte sehr glücklich sein, aber es fehlt ihm etwas in seinem Leben.

______

4. Er wurde von seinem Vorgesetzten *(el jefe)* angerufen.

______

5. Der Rasen *(el césped)* ist geschnitten und der Müll wurde hinuntergebracht *(bajar)*.

______

______

7 Zahlenangaben

7.1 Die Ordnungszahlen (los números ordinales)

Im Spanischen haben die Ordnungszahlen von **1. bis 10. eigene Formen.** Ein hochgestelltes ***o*** nach der Ziffer steht für die männliche, ein ***a*** für die weibliche Form.

el 1° / la 1^{a}	*el primero / la primera*	Mario vive en la **primera** planta.
el 2° / la 2^{a}	*el segundo / la segunda*	Silvio es el **segundo** hijo del Sr. Colón.
el 3° / la 3^{a}	*el tercero / la tercera*	Los finalistas españoles son los **terceros.**
el 4° / la 4^{a}	*el cuarto / la cuarta*	Mi oficina es la **cuarta** puerta a la derecha.
el 5° / la 5^{a}	*el quinto / la quinta*	Mi hermano está en la clase **quinta.**
el 6° / la 6^{a}	*el sexto / la sexta*	Mi abuela vive en el **sexto** piso.
el 7° / la 7^{a}	*el séptimo / la séptima*	Me siento como en el **séptimo** cielo.
el 8° / la 8^{a}	*el octavo / la octava*	El autágrafo está en la **octava** página.
el 9° / la 9^{a}	*el noveno / la novena*	¡Haz el ejercicio **noveno**!
el 10° / la 10^{a}	*el décimo / la décima*	Es la **décima** vez que le he llamado.

Achtung: Vor einem männlichen Substantiv werden ***primero*** und ***tercero*** zu ***primer (1er)*** und ***tercer (3er)*** gekürzt.

Es el **primer** examen del semestre.
El **tercer** libro fue un gran éxito.

Ab zehn werden Ordnungszahlen fast immer durch die **Grundzahl** ersetzt.

el 11° / la 11^{a}	*el / la undécimo / -a*	El día **once** de mayo es un lunes.
el 12° / la 12^{a}	*el / la duodécimo / -a*	El **doce** de octubre firmamos el contrato.
el 13° / la 13^{a}	*el / la decimotercero / -a*	El ascensor no para en la planta **trece.**
el 14° / la 14^{a}	*el / la decimocuarto / -a*	En la línea **catorce** menciona un aspecto provocante.
...	...	
el 20° / la 20^{a}	*el / la vigésimo / -a*	Mi cumple es el **veinte** de junio.
el 100° / la 100^{a}	*el / la centésimo / -a*	Hoy celebramos el **centésimo** aniversario de la independencia.
el 1000° / la 1000^{a}	*el / la milésimo / -a*	

Achtung: Die gleiche Regel gilt auch für die römischen Ziffern, die im Spanischen ohne Punkt geschrieben werden.

el capítulo **V ("quinto")**
Alfonso **XIII ("trece")**
el siglo **XX ("veinte")**

ÜBUNG 1 **Schreibe die Ordnungszahlen aus.**

1. 3º
2. 8ª
3. 6º
4. 2º
5. 5ª
6. 7º

ÜBUNG 2 ***Primer / -o / -a* oder *tercer / -o / -a?* Kreise die richtige Form ein.**

1. Primer / Primero quiero hablar con mi abogado.
2. El primer / primero día después de las vacaciones siempre es el peor.
3. He visto la película por tercer / tercera vez.
4. El tercer / tercero hijo de mi hermana se llama Marco.

ÜBUNG 3 **Höre dir Track 13 auf der CD an. In welchem Stockwerk wohnen die Leute? Stelle die Ordnungszahlen numerisch dar.**

13

	Sra. Roldán	Sr. Díaz	Sr. García	Sra. Soto	Sr. Vidal
planta					
piso					

WISSEN

Zum x-ten Mal heißt im Spanischen *por enésima vez.*
Jeden 2. / 3. usw. *Tag / Monat* usw. wird im Spanischen mit der Grundzahl *(cada dos / tres días / meses)* wiedergegeben.

Por enésima vez, ¡limpia tu cuarto!

Cada tres días tiene que ir al hospital.
Cada dos años vemos a mis abuelos en Chile.

ÜBUNG 4 **Höre dir Track 14 auf der CD an und schreibe die Ordnungszahl als Ziffer, falls möglich.**

14

1.
2.
3.
4.
5.
6.

ÜBEN

7.2 Prozent- und Bruchzahlen
(números porcentuales y fracciones)

Prozentzahlen

Im Spanischen werden Prozentangaben **immer mit dem bestimmten oder unbestimmten männlichen Artikel** angegeben. Das Verb steht zumeist im Singular, ebenso der Ausdruck *por ciento* (%).	**El 30 %** de la población no sabe leer. **("El treinta por ciento ...")** **Un 15 %** sufre carencias alimentícias. **("Un quince por ciento ...")**
Merke: Dezimalstellen stehen wie im Deutschen hinter dem Komma.	**El 5,5 %** de los jóvenes estudia en la universidad. **("El 5 coma 5 por ciento ...")**

Bruchzahlen

Die Bruchzahl besteht aus einem Zähler und einem Nenner. Im Spanischen wird der **Zähler mit der Grundzahl** und der **Nenner mit der Ordnungszahl** wiedergegeben. Ausnahmen bilden folgende Bruchzahlen:	1/4 + 3/8 = 5/8 **("Un cuarto más tres octavos son cinco octavos.")**
1/2 → ***medio(s) / -a(s)*** (ohne Artikel) / ***la mitad***	Póngame **medio** kilo de manzanas. Nos vemos en **media** hora. Paco ahorra **la mitad** de su salario.
1/3 → ***un tercio / la tercera parte***	**Un tercio / La tercera parte** de los alumnos participa en el concurso. Jesús se ha comido **dos tercios** del pastel.
Achtung: Eine ganze Zahl und eine Bruchzahl verbindet man mit ***y***.	He estado esperando en la estación desde hace una hora **y** tres cuartos.

ÜBUNG 5 **Schreibe die Brüche aus.**

1. 2/3 de la población
2. 1/2 kilo de peras
3. 1/8 litro de leche
4. 1 3/4 horas
5. 1/6 de las mujeres

ÜBUNG 6 **Höre dir Track 15 auf der CD an und notiere die Prozentzahlen zu den unten angegebenen Bezugswörtern.**

1. un ______ de los jóvenes mexicanos
2. ______ de la población nicaragüense
3. ______ de los alumnos del instituto
4. ______ de los participantes en el concurso
5. ______ de las mujeres españolas

WISSEN

Ungefähre Zahlenangaben werden durch das Anfügen von ***-na*** an die Grundzahl gebildet: ***una veintena*** (ungefähr 20), ***una docena*** (ein Dutzend).
Ausnahmen hiervon bilden ***una decena*** (ungefähr 10), ***un centenar*** (ungefähr 100), ***un millar*** (ungefähr 1 000).

Hay que esperar **una veintena** de días.
Póngame **una docena** de huevos.

Un centenar de personas asistió a la misa.
Un millar de fans acudió al servicio fúnebre de Michael Jackson.

ÜBUNG 7 **Übersetze die folgenden Sätze und schreibe sie in dein Übungsheft.**

1. Warten Sie ungefähr 30 Tage, bevor Sie an den Strand gehen.
2. Geben Sie mir bitte eine halbe Wassermelone *(la sandía)*.
3. Wir haben eine Dreiviertelstunde gewartet. Lass uns gehen.
4. Weniger als ein Drittel der Schüler ist männlich.

Klassenarbeit 1

AUFGABE 1 **Schreibe die folgenden Brüche in dein Übungsheft.**

1. 3 3/4 2. 1/5 3. 6 5/8 4. 7 7/9 5. 1/3

AUFGABE 2 **Ordne die ausgeschriebenen Zahlen den numerischen Ziffern zu.**

1. dos séptimos	a. 1 1/2
2. una treintena	b. ~ 100.
3. un cuarto	c. 1/4
4. uno y medio	d. 2/7
5. un centenar	e. ~ 30

AUFGABE 3 ***¿Quién ganó la copa mundial de fútbol en 2006?*** **Schaue dir die Ergebnisliste der Fußballweltmeisterschaft 2006 an und formuliere Sätze auf Spanisch. Welchen Rang haben die einzelnen Länder belegt? Schreibe die Sätze in dein Übungsheft.**

Beispiel: Italia ocupó el primer puesto.

1	Italien	**6**	Argentinien
2	Frankreich	**9**	Spanien
3	Deutschland	**12**	Ecuador
4	Portugal	**15**	Mexiko
5	Brasilien	**31**	Costa Rica

AUFGABE 4 **Kreise die richtige Form ein.**

1. Cada tercer mes / tres meses tengo que pagar el seguro del hogar.
2. Va a venir el decimoséptimo día / día diecisiete de octubre.
3. Marío es su tercer / tercero novio en las pasadas cinco semanas.
4. Mi sobrina está excitada: será su segundo / segunda cumpleaños este viernes.
5. Me he roto la pierna por primer / primera vez.

AUFGABE 5 **Übersetze folgende Sätze und schreibe sie in dein Übungsheft.**

1. Karl *(Carlos)* V. war Karl I. von Spanien.
2. Der Laden verkauft Produkte aus der Dritten Welt.
3. Biege die zweite Straße rechts ab.
4. Im Tanzkurs sind ungefähr 40 Personen.
5. Ungefähr tausend Fans warteten vor dem Hotel.

Stichwortfinder

STICHWORTFINDER